글 황은희

서울창원초등학교에서 아이들을 가르치는 선생님이에요.
고려대학교 역사교육과를 졸업한 뒤 서울교육대학교 대학원 초등 사회과 교육과에서 공부했으며,
2007 개정 초등학교 5학년 사회 교과서 집필에 참여했습니다.
어린이 역사 교육에 대해 깊은 관심을 갖고 활발하게 활동하며 꾸준히 공부하고 있으며,
쓴 책으로는 〈그림으로 보는 한국사❷, ❹〉, 〈초등 사회 사전〉 등이 있어요.

그림 송진욱

돈키호테보다 로시난테를 꿈꾸는 만화가예요. 성균관대학교에서 화학과 신문방송학을 전공했어요.
지금은 정직한 한 뼘의 손과 아이같이 순수한 마음으로 어린이 책에 그림을 그리고 있으며,
중·고등학교에서 CA반 만화 강사로 활동하고 있습니다. 그린 책으로는 〈교과서 속 구석구석 인물 체험〉,
〈어린이를 위한 꿈꾸는 다락방〉, 〈그래서 이런 경제가 생겼대요〉, 〈웃음 공장〉 등이 있어요.
www.songtoon.com

감수 역사와 사회과를 연구하는 초등 교사 모임(역사초모)

역사 교육에 관심이 많은 초등학교 선생님들이 역사를 공부하기 위해 20년 전에 만든 모임이에요.
학교에서 학생들과 어떤 이야기를 나눌까 고민하고, 전국 답사도 다니며 수업 시간에 쓸 자료를
함께 만들어요. 공부는 해도 해도 끝이 없어서인지 배우고 싶은 게 참 많아요.

⊙ 사진 제공
국립중앙박물관, 서울대학교 규장각한국학연구원, 연합뉴스, 정통풍수지리학회, 한글학회, 密城 朴 善泳, 오솔길, www.dokdo-takeshima.com
CC BY-SA GaÃ≪l Chardon

교과서 속 역사 이야기
그림으로 보는 한국사 ⑤

초판 1쇄 발행 2013년 11월 15일
초판 22쇄 발행 2016년 12월 23일

발행처 (주)계림북스 | **발행인** 오형석
글 황은희 | **그림** 송진욱 | **감수** 역사와 사회과를 연구하는 초등 교사 모임
편집책임 권주원 | **편집진행** 김유진, 김하나, 김주미
디자인책임 이희승 | **디자인진행** 김지예
주소 서울시 마포구 창전로 74 여촌빌딩 2층
신고번호 제313-2012-204호 | **등록일자** 2000년 5월 22일
대표전화 (02)7079-900 | **도서문의** (02)7079-913
팩스 (02)7079-956
홈페이지 www.kyelimbook.com

교과서 속 역사 이야기 그림으로 보는 한국사 5

독도는 대한민국 땅!

글 황은희 | 그림 송진욱 | 감수 역사와 사회과를 연구하는 초등 교사 모임

계림북스
kyelimbooks

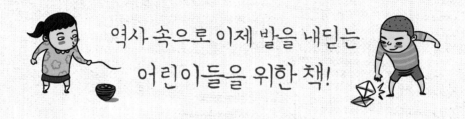

역사 속으로 이제 발을 내딛는
어린이들을 위한 책!

　초등학교 5학년 교육 과정에 한국사 교육이 도입되면서 많은 학부모님과 학생들이 역사 학습에 큰 관심을 보이고 있습니다. 초등학교 저학년 때부터 읽을 만한 역사책을 찾는 눈길도 더욱 많아지고 있고요.

　그런데 도대체 왜 우리 아이들에게 역사를 알려 주어야 하는 걸까요? '역사를 배운다'는 것은 역사 그 자체를 배우는 것이기도 하지만, '역사를 통해 배우는 것'이기도 합니다. 과거를 들여다봄으로써 현재를 알고, 나아가 미래를 내다볼 수 있지요.

　하지만 저학년의 경우 의도적으로 역사를 교육하기란 쉽지 않습니다. 그 나이 때에는 '역사'라는 개념을 인식하기보다는 막연하게 옛것을 느끼는 정도이기 때문입니다. 따라서 저학년 어린이들에게는 스토리텔링으로 역사를 풀어내 마치 동화책을 읽듯이 쉽고 재미있게 역사책을 접하게 해 주는 것이 좋습니다. 실제로 교육 현장에 있다 보면 역사책을 좋아하는 아이들도 역사책이 '옛날이야기 읽듯 술술 읽히는 책이었으면 좋겠어요.'라고 이야기하곤 합니다.

　〈그림으로 보는 한국사〉 시리즈는 이러한 부모님들의 관심과 우리 아이들의 바람을 담아 만든 역사책이에요.

　이 책은 저학년 아이들의 눈높이에 맞는 내용을 적절한 분량의 글로 풀어내 아이들이 혼자서도 옛 이야기처럼 술술 재미있게 읽으면서 한국사의 흐름을 쉽게 정리할 수 있습니다.

역사적 사건을 콕 집어낸 재치 있는 그림에 사진 자료 및 역사 지도 등을 덧붙여 내용을 입체적으로 이해할 수도 있지요.

또한 정치나 사회에만 치우치지 않고 옛날 사람들이 살던 모습, 풍속, 문화 등을 적절히 녹여 내 아이들이 역사란 나와 상관없는 먼 옛날의 이야기가 아닌, 자신과 관련된 친근한 이야기라는 것을 느낄 수 있을 것입니다.

본문 중간중간에 마련된 코너인 '역사 배움터'에서는 더 깊이 알아 두면 좋은 내용들을 살펴볼 수 있으며, '역사 놀이터'에서는 재미있는 문제를 풀며 읽은 내용을 확인할 수 있습니다. 그리고 책의 끝장에 붙어 있는 연표를 통해 역사의 흐름을 한눈에 정리할 수 있어요.

우리 아이들이 〈그림으로 보는 한국사〉를 읽고 우리 역사에 더욱더 관심을 갖고, 자신과 나라의 미래를 생각할 수 있는 아이로 성장하길 바랍니다.

역사와 사회과를 연구하는 초등 교사 모임

차례

서양 세력의 접근과 조선의 큰 변화

나라를 지키려는 노력

일본의 식민 통치와 독립운동

광복과 분단, 대한민국의 발전

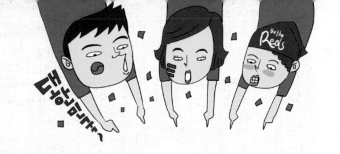

조선이 세도 정치로 혼란스러운 사이

어린 고종이 왕위에 오르자 그의 아버지인

흥선대원군이 나랏일에 대한 모든 권한을 가졌어요.

흥선대원군은 왕실의 권위를 세우고 어지러운 나라를 바로잡기 위해

애썼지만, 여러 문제에 부딪혔어요.

그즈음 동아시아에 손을 뻗치던 서양의 여러 나라가 조선의 문을 두드렸어요.

청나라와 일본 등 주변 나라들은 그들과 무역을 시작했지만 조선은 나라의

문을 굳게 닫고 서양 세력을 경계했어요. 결국 서양 세력이 군대를 이끌고

쳐들어오면서 조선은 여러 가지 사건을 겪었지요.

물밀 듯 밀려오는 **서양 세력** 속에서 **변화의 갈림길에 선**
조선의 움직임을 따라가 보아요.

변화의 소용돌이 앞에 선 조선

조선 앞바다에 나타난 낯선 모양의 배

세상에서 가장 강한 나라라고 생각했던 청나라의 수도를 서양 세력이

점령했다는 놀라운 소식이 조선에 전해졌어요. 일본은 미국의 강요로 나라의

문을 열었고요. 베트남 등 동아시아의 다른 여러 나라도 영국, 미국, 프랑스

같은 서양 강대국의 침략으로 어쩔 수 없이 개항했다는 소식이 들려왔지요.

조선 사람들은 앞으로 조선에도 어떤 변화가 생길지 두려웠어요.

★**강대국** 군대의 힘이 강하고 영토가 넓은, 힘이 센 나라를 뜻해요.
★**개항** 다른 나라와 무역을 하기 위해 항구를 열어 외국 배가
　　　드나드는 것을 허락하는 일이에요.

배가 뭐 저렇게 생겼대? 사람들 눈은 왜 저리 파랗고?

이양선이 들어온 뒤로 청나라와 일본도 난리가 났대요!

그 무렵 조선의 바다 곳곳에는 낯선 모양의 커다란 배가 자주 나타났어요.

조선 사람들은 그 배를 '조선의 배와 다른 이상한 모양의 배'라는 뜻으로

'이양선'이라고 불렀어요. 이양선에는 파란 눈에 코가 높고 뾰족한 서양

사람들이 타고 있었어요. 그들은 자기네 나라에서 만든 물건을 배에 가득

싣고 와서는 무역을 하자며 조선에 요구하기 시작했어요.

★**무역** 나라와 나라 사이에 서로 물건을 사고파는 일이에요.

이젠 양반도
세금 낼 때가 됐잖소!

흥선대원군

양반

어린 고종을 대신해 나라를 다스린 흥선대원군

서양의 여러 나라가 동아시아에 손을 뻗치던 시기에 조선은
세도 정치* 때문에 왕의 힘이 약해져서 나라 안이 어지러웠어요.
그러한 혼란이 이어지는 사이 고종이 열두 살의 나이로 왕위에 올랐어요.
고종의 아버지인 흥선대원군은 나이 어린 고종을 대신해 자신이 나라를
다스리기로 마음먹었지요. 그리고 그 뒤 세도 정치에 맞서 어지러운 나라를
바로잡기 위해 노력했어요.

★**세도 정치** 왕실의 가까운 친척이나 신하가 강력한 권력을 잡고 마음대로 하는 정치를 말해요.

경복궁 근정전

제대로들
하라고!

흥선대원군은 당시 최고의 권력을 누리고 있던 안동 김씨를 비롯한 여러 가문과
부패한 관리들을 몰아냈어요. 양반들이 세력을 키우는 터전이었던 서원을
마흔일곱 개만 남기고 없애기도 했고요. 또한 양반도 군포를 내게 하는 등
백성들을 괴롭히는 조세 제도를 고쳤지요.

세도 정치 아래에서 고통받던 백성들은 이러한 흥선대원군의 정책을 반겼어요.
하지만 흥선대원군이 왕실의 권위를 세운다며 임진왜란 때 불타 버린 경복궁을
다시 짓는 과정에서 백성들의 불만이 쌓이기 시작했지요.

경복궁을 짓는 데 필요한 비용을 대기 위해 세금을 많이 거두고, 새로운 돈인
'당백전'을 마구 찍어 냈기 때문이에요. 게다가 농사일이 한창 바쁜 때에
백성들을 공사에 불러 모아 강제로 일을 시키자 백성들은 흥선대원군에게
등을 돌리게 되었어요.

★**군포** 군대에 가는 대신 나라에 내던 옷감이에요.
★**조세 제도** 나라에서 세금을 거두는 제도예요.

당백전

아휴,
힘들어서
못 살겠네.

돈이 모자라니
당백전을 많이
만들어 내거라!
세금도 더 거두고!

서양 세력과의 전투

프랑스군에 맞서 싸운 조선

서양의 여러 나라가 조선의 문을 두드렸지만 흥선대원군은 꿈쩍도 하지
않았어요. 서양의 물건이나 풍습이 들어오면 우리 고유의 전통을 해칠 거라고
여겼기 때문이에요. 유학자들 또한 우리의 것을 지켜야 한다고 생각했기
때문에 흥선대원군의 편을 들었지요.

정족산성 남문과 종해루

흥선대원군은 서양에서 들어온 종교인 천주교를 탄압[★]했어요. 천주교를 믿는
사람 수천 명을 감옥에 가두거나 죽이고, 프랑스인 선교사들도 죽였지요.
그 사실을 알게 된 프랑스는 1866년에 군함[★]을 이끌고 강화도에 쳐들어와
강화성을 점령했어요. '병인양요'가 일어난 거예요.
이들이 조선에 온 진짜 목적은 조선과 무역을 하고 조선을 자신들의 영향력
아래에 두기 위해서였어요. 하지만 정족산성 전투에서 양헌수 장군의 군대가
프랑스군에 총공격을 퍼부어 결국 승리를 거두었지요. 프랑스군은 강화도를
떠나면서 관청과 집들을 불사르고 백성들을 죽이는가 하면 왕실 도서관인
외규장각에 보관되어 있던 귀중한 책들을 빼앗아 갔어요.

★**탄압** 권력이나 군사력 등으로 억지로 눌러 꼼짝 못하게 하는 거예요.
★**군함** 군인들이 타는 배로, 주로 전쟁에 이용돼요.

역사 배움터

돌아온 외규장각 의궤

프랑스 국립 도서관에 보관되어 있던 297권의 외규장각 의궤가 145년 만인 2011년에 우리 품으로 돌아왔어요. 병인양요 때 프랑스군이 외규장각에서 빼앗아 간 것들이지요.

의궤는 왕실의 결혼식과 장례식 같은 국가의 중요한 의식과 행사나 여러 가지 사업 등에 관한 내용을 그림과 글로 기록해 놓은 책이에요. 후손들이 행사를 치를 때 참고할 수 있도록 차례와 방법 등을 자세히 남겨 놓은 것이지요. 아래 의궤는 영조가 정순왕후를 왕비로 맞이하는 결혼식 내용을 기록한 〈영조정순왕후가례도감의궤〉예요.

국민 모두가 우리 문화재에 대해 아는 것은 참 중요해요.

박병선 박사 →

▼〈영조정순왕후가례도감의궤〉

아래 그림은 이 의궤에 실려 있는 '친영반차도'의 한 장면으로, 영조가 정순왕후를 데리고 궁으로 가는 모습이 담겨 있어요.

의궤에 담긴 그림 중 행렬을 나타낸 그림을 '반차도'라고 불러요. 행렬을 준비할 때 행렬의 모습을 예상하여 그린 것이지요. 계획을 세워 그림을 미리 그려 봄으로써 실제 행사에서 실수를 줄이려고 한 거예요.

1975년에 프랑스 국립 도서관의 지하에서 먼지로 뒤덮여 있던 의궤들을 처음으로 찾아낸 사람은 당시 그곳의 사서였던 박병선 박사예요. 그녀는 이 사실을 우리 정부에 알렸고, 그 뒤 우리 정부는 의궤를 돌려 달라고 프랑스 정부에 공식적으로 요청했어요. 오랫동안 꾸준히 노력한 결과, 조선 기록 문화의 꽃인 의궤가 돌아왔고 의궤를 통해 우리는 조선 시대의 모습을 좀 더 자세히 알 수 있게 되었답니다.

▼ '친영반차도'의 일부

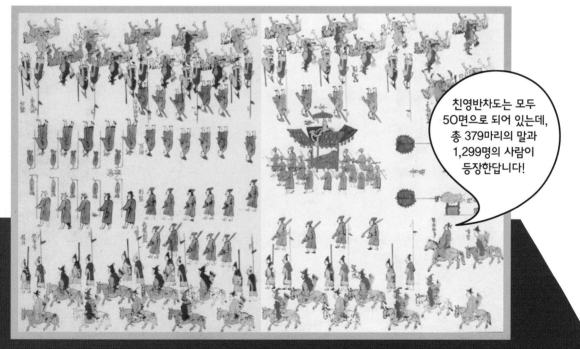

친영반차도는 모두 50면으로 되어 있는데, 총 379마리의 말과 1,299명의 사람이 등장한답니다!

평양까지 올라온 미국의 제너럴셔먼호

병인양요가 일어나기 두 달 전에 있었던 일이에요. 미국의 상인들이 상선인

제너럴셔먼호를 타고 조선의 해안에 와서 무역을 하자고 했어요.

조선이 그 요구를 거절하자, 이들은 대동강을 거슬러 평양까지 올라와서

죄 없는 주민들을 죽이고 물건을 빼앗아 가는 등 행패를 부렸지요.

제너럴셔먼호에는 총과 대포까지 실려 있었거든요.

화가 난 평양 사람들과 관리들은 그 배를 불태워 버렸어요.

★**상선** 돈을 받고 사람이나 짐을 나르는 데 쓰는 배예요.

독일 상인 오페르트의 도굴 사건

병인양요가 일어난 지 2년 뒤에는 이양선을 타고 조선에 온 오페르트라는
독일 상인이 흥선대원군 아버지의 무덤을 도굴하려다 실패한 사건이
일어났어요. 시신을 가져가 그것을 핑계로 조선에 무역을 요구하려고 했던
거예요. 조상을 잘 모시는 것을 중요하게 생각하던 조선 사람들은
이 일에 크게 분노했어요. 가뜩이나 서양 세력을 경계하고 있던 조선은
나라의 문을 더더욱 굳게 걸어 잠갔지요.

★**도굴** 허락 없이 남의 무덤을 파헤치는 것을 말해요.
★**시신** 죽은 사람의 몸이에요.

미국에 맞서 싸운 조선

미국은 조선이 제너럴셔먼호를 불태운 사건을
핑계 삼아 조선에 무역을 요구하기 위해 1871년에
강화도에 쳐들어왔어요. 이 사건이 '신미양요'예요.
프랑스군과 싸움을 치른 뒤로 조선은 군사력을 키우고
강화도 곳곳에 군사들을 배치해 놓았어요. 이러한 상황에서
어재연 장군을 비롯한 조선군은 최선을 다해 싸웠어요.
하지만 초지진 등 적을 막기 위한 요새들이 점령당하고, 많은
군사가 목숨을 잃었지요. 그런데도 조선이 끝까지 문을 열지 않자
결국 미국은 뜻을 이루지 못하고 물러갔어요.

광성보의 대포

강화도에서 일어난 전투

★ 병인양요
★ 신미양요

월곶진
갑곶진
문수산성
통진
광성보
정족산성
덕진진
초지진

척화비

교류 좀 하면 어떻소?

서양은 오랑캐와 같소!

척화비를 세웠어요

병인양요와 신미양요 이후
흥선대원군은 오랑캐와 같은 서양★
세력과는 절대 교류하지 않겠다는
의지를 밝히기 위해 전국 곳곳에
척화비를 세웠어요. 척화비에는 "서양
오랑캐가 쳐들어왔는데 싸우지 않으면 친하게
지내겠다는 것이요, 그것은 곧 나라를 팔아먹는
것이다."라는 내용이 쓰여 있었지요.
하지만 한편에서는 서양 여러 나라의 문물을★
받아들여야 한다는 의견이 서서히 등장했어요.

★**오랑캐** 다른 민족을 낮잡아 부르는 말이에요.
★**문물** 법, 정치, 종교, 예술, 경제 등 문화에 관한 모든 것을
    이르는 말이에요.

23

고종의 왕비, 명성황후

고종이 왕의 자리에 오른 뒤 흥선대원군은 누구를
고종의 왕비로 들일지 고민이 많았어요. 그런 그의
눈에 들어온 사람이 민씨 집안의 딸이었지요. 훗날
명성황후가 되는 그녀는 일찍이 아버지를 여의고
친척들의 보살핌 속에서 자랐어요. 이런 점 때문에
흥선대원군은 그녀가 자신의 말을 잘 듣고 나랏일에
간섭하지 않을 것이라고 생각했지요.
하지만 왕비의 자리에 오른 명성황후는
흥선대원군이 고종 대신 나랏일을 맡는 것이
못마땅해 번번이 흥선대원군과 맞섰어요.
결국 흥선대원군은 권력을 잡은 지 10년 만에
물러나고 고종이 직접 나랏일을 돌보기 시작했어요.

나라의 문을 연 조선

강화도 앞바다에 나타난 운요호

어느 날, 강화도 앞바다에 일본의 군함인 운요호가 나타났어요.
이윽고 운요호에 타고 있던 군사 수십 명이 작은
배로 갈아타고 초지진으로 다가왔지요. 해안을
지키던 조선의 군사들은 허락 없이 침입한 배를
향해 대포를 쏘았어요. 그러자 운요호는
기다렸다는 듯이 대포를 쏘며 초지진에
공격을 퍼부었어요. 그러고는 영종진(지금의
영종도)으로 가서 집들을 불태우고, 사람들을
죽이고, 물건을 빼앗은 뒤 일본으로 돌아갔어요.

25

일본과 맺은 불평등한 강화도 조약

운요호 사건에 대해 일본은 단지 먹을 물을 얻기 위해 강화도에 간 것이라고

거짓말을 했어요. 그러면서 조선이 먼저 운요호를 공격했으니 책임을 지라며

조약★을 맺자고 했지요. 일본은 조선이 이것을 거부하면 전쟁이라도 일으킬

생각이었어요. 미국을 비롯한 서양 세력이 일본에게 죄를 뒤집어씌운 뒤

강제로 조약을 맺게 한 방법을 똑같이 흉내 낸 거예요.

★**조약** 나라와 나라 사이에 문서를 이용해 법적으로 약속을 맺는 일이에요.
★**측량** 지형의 높낮이나 면적 등을 재고 땅 위의 일정한 점들의 위치와 거리를 구하는 일로,
　　　일본은 조선을 침략하기 쉽도록 조선의 해안을 측량하려고 했어요.

▼**강화도 조약**
❶ 부산 이외에 두 곳의 항구를 열고, 그곳에서 일본과 무역을 할 수 있게 한다.
❷ 일본인이 조선에서 죄를 지으면 조선 법이 아닌 일본 법에 따라 처벌한다.
❸ 일본 배가 조선의 해안을 자유롭게 드나들며 측량★할 수 있도록 허락한다.

결국 조선은 1876년에 강화도에서 일본과 조약을 맺었어요. 이로써 조선은
처음으로 외국과 조약을 맺고 개항을 했답니다. 하지만 강화도 조약은
일본에게만 유리한 불평등 조약으로, 조선의 경제적인 이익을 빼앗는 내용이
대부분이었어요. 이 조약은 훗날 일본이 조선을 정치, 경제, 군사적으로
침략하는 발판이 되었지요.

조선이 자주국★이라는 내용이 있기는 했지만, 그것은 청나라가 조선을 넘보지
못하게 하기 위한 꼼수였어요.

당시 강화도 조약의 문제점을 제대로 알지 못했던 조선은 그 뒤 미국, 영국,
독일, 러시아 등 다른 나라들과도 잇따라 조약을 맺게 되었어요.

★자주국 다른 나라의 간섭이나 지배를 받지 않고 모든 일을 스스로 결정하는 자주적인 나라예요.

조약을 맺으시려거든
이 도끼로 제 목을
치십시오!

일본과 조약을? 차라리 내 목을 치시오!

조선이 일본과 조약을 맺으려고 하자 최익현은 도끼를 들고 대궐 앞에

엎드렸어요. 그러고는 "서양과 일본은 모두 똑같은 오랑캐이며,

저들은 우리 고유의 풍습을 해칠 것입니다."라면서 강화도 조약에 반대하는

상소[*]를 올렸지요.

최익현과 유학을 공부한 양반들은 서양이나 일본과 무역을 하다 보면

머지않아 조선이 망할 것이라며 걱정했어요. 서양과 일본의 상품은 얼마든지

새로 만들어 낼 수 있지만, 우리 땅에서 나는 농산물은 양이 정해져 있기

때문이에요. 이들은 그 뒤로도 끊임없이 다른 나라와의 교류를 반대하는

운동을 벌였어요.

★**상소** 임금에게 올리는 글이에요.

일본과의 조약 결사 반대

새로운 무기를
만들어 나라의
힘을 길러야 합니다!

강한 나라를
만들어야
합니다!

청나라와 일본을 배우자!

많은 사람이 강하게 반대했지만 고종은 나라의 문을 열고 개화★ 정책을

펼치고 싶었어요. 그래서 청나라에 관리들을 보내 무기를 만드는 곳을

돌아보고 새로운 기술을 배워 오게 했지요. 일본에서는 발달된 모습과

신식 무기들을 살펴보고 오게 했고요.

청나라와 일본의 변화를 배워 나라의 힘을 기르려고 한 거예요.

그 뒤 조선에는 새로운 무기를 만드는 공장이 세워지고,

신식 군대인 별기군★이 만들어졌답니다.

★개화 생각이나 물건, 문화 등이 더욱 새로워지는 것이에요.
★별기군 일본인 교관이 군인들을 근대식으로 훈련시킨 군대예요.

29

나라를 바꿔 나가려는 노력

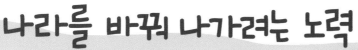

구식 군대의 군인들이 들고일어났어요

새로 생긴 별기군의 군인들은 좋은 군복과
서양식 무기 등 특별 대접을 받고 있었어요.
하지만 구식 군대의 군인들은 쌀로 받고
있던 급료를 13개월 동안이나 받지
못하고 있었어요. 그러던 중 겨우 받은
쌀에 모래와 곡식의 껍질이 섞여 있었지요.
결국 1882년, 화가 난 구식 군대의 군인들이
'임오군란'을 일으켰어요.
여기에 개화 정책에 불만을 품은 백성들이 힘을
합했어요. 당시 백성들은 개화 정책에 필요한 돈을
대느라 세금을 많이 내야 했거든요.
이들은 부패한 관리들과 일본인 교관을 없애고 일본
공사관에 불을 지르는가 하면, 고종과 함께 개화 정책을
이끈 명성황후를 죽이겠다며 궁궐로 몰려갔어요.

너희
별기군 때문에
우리가
차별받는 거
안 보여?

가서 진압해!

해결할 수 없을 정도로 일이 커지자 고종은 어쩔 수 없이
흥선대원군을 궁궐로 불러들였어요. 하지만 몸을 피해 있던
명성황후와 그 주변 세력은 흥선대원군이 다시 권력을 잡는 것이
못마땅했어요. 그래서 다급하게 청나라에 군대를 보내 달라고 했지요.
조선 일에 끼어들 핑계를 찾고 있던 청나라는 즉시 군대를 보내고
뒤에서 임오군란을 조종했다는 이유로 흥선대원군을 청나라에
데려갔어요. 그리고 그 뒤로 조선의 나랏일에 심하게
간섭했지요. 그러자 일본도 자신들이 입은 피해 보상을
요구하는 한편 청나라를 견제하기 위해 조선에 군대를
보냈어요.

★급료 일에 대한 대가로 받는 돈이에요.
★공사관 외교관들이 일을 하며 머무르는 곳이에요.

태극기를 만들었어요

임오군란 이후 조선은 일본에 외교 사절단인 수신사를 다시 보냈어요.

임오군란 때 일본이 당한 피해를 사과하는 등 일본과 얽힌 문제들을 해결하기

위해서였지요.

당시 수신사였던 박영효는 고종의 지시에 따라 일본으로 가는 배 안에서

태극기를 그렸다고 해요. 조선에도 국가를 나타내는 국기가 필요했거든요.

태극기에는 우리 민족의 고유한 정신이 담겨 있어요. 흰색 바탕은 밝음과

순수, 평화를 사랑하는 우리의 민족성을 나타내며,

가운데에 있는 태극 무늬의 파란색과

빨간색은 음양의 조화를 뜻해요.

또 네 모서리의 4괘는 각각 하늘, 땅,

물, 불을 나타내며 만물이 조화를

이루는 것을 상징하지요.

★**사절단** 나라를 대표하여 맡겨진 일을 행하기 위해
외국에 가는 사람들이에요.

빠르게 바꿔 나갈까? 천천히 바꿔 나갈까?

개화를 이루기 위해 노력하던 사람들을 '개화파'라고 해요. 그런데 개화의
방법에 대한 의견에 차이가 생기자 개화파가 두 무리로 나뉘었어요.
김윤식, 김홍집과 같은 '온건 개화파'는 우리의 전통을 바탕으로 서양의
이로운 기술만 받아들여 차근차근 개혁★해 나가야 한다고 생각했어요.
하지만 그와 다르게 김옥균, 박영효 등은 조선을 발전시키려면 일본처럼
서양의 제도와 문물을 최대한 받아들여 빠르게 개혁을 해야 한다고
주장했지요. 이들을 '급진 개화파'라고 해요. 급진 개화파는 적극적으로 개화에
나섰어요. 또한 일본과 손잡고 임오군란 이후 더 심해진 청나라의 간섭에서
벗어나려고 했지요.

★개혁 제도 등을 새롭게 고치는 것을 말해요.

3일 만에 끝나 버린 갑신정변

조선 최초의 우체국인 우정국이 처음 문을 여는 날,

축하 잔치가 열렸어요. 잔치가 한창 무르익어 갈 무렵

어디에선가 "불이야!" 하는 소리가 들렸어요.

잔치에 참석했던 민영익은 불을 끄려고 밖으로 나갔다가

칼을 맞고 쓰러졌어요. 급진 개화파가 정변을 일으킨 것이지요.

1884년에 일어난 이 사건이 '갑신정변'이에요.

급진 개화파 무리는 창덕궁에 있는 고종에게 가서 청나라군이

반란을 일으켰으니 서둘러 몸을 피하고 일본에게 도움을

청해야 한다고 했어요. 고종은 그들의 말을 믿고 그대로 따랐어요.

★**정변** 정당하지 않은 방법으로 정치적인 큰 변화를 이루는 것을 말해요.

우정국

34

양반

중인

상민

천민

세금을 내고 나니 곳간이 텅 비었네요.

텅~

우리 집안 몰라?

그 뒤 급진 개화파는 도움을 주기로 미리 약속한 일본군과 함께 궁궐을 점령한 뒤 개혁 내용을 발표했어요. 하지만 3일째 되는 날, 명성황후의 요청을 받은 청나라군이 궁궐로 들이닥치자 일본군은 급진 개화파와의 약속을 어기고 달아났지요.

게다가 백성들마저도 정변을 못마땅하게 여기자 김옥균, 박영효 등은 일본으로 몸을 피했어요. 젊은 개화파 지식인들이 일본에 기대어 일으킨 정변은 결국 3일 만에 끝이 나고 말았지요.

임오군란에 이어 갑신정변에서도 청나라의 힘을 빌린 조선은 그 뒤로 더 심하게 청나라의 간섭을 받게 되었어요.

신분 제도를 없애고 능력에 따라 인재를 뽑읍시다!

세금 제도를 고칩시다!

왕의 친척들이 나랏일에 간섭하지 못하게 합시다!

35

조선 최초의 유학생, 유길준

일찍부터 개화사상에 눈을 뜬 유길준은 일본에서 유학 생활을 했어요.
박영효를 포함한 수신사 일행이 일본에 갔을 때 통역을 맡기도 했지요.
그 뒤 외교 사절단이 되어 미국으로 건너간 그는 조선인 최초로 미국에서 유학
생활을 했답니다. 미국을 떠난 뒤에는 곧바로 조선으로 오지 않고 1년 동안
유럽의 여러 나라와 싱가포르, 홍콩 등을 둘러보았어요.
하지만 갑신정변을 일으킨 사람들과 친하게 지낸다는 이유로 조선으로
돌아오자마자 7년 동안 집에 갇혀 살아야 했지요. 그 기간 동안 유길준은
서양에서 보고 들은 내용을 담아 〈서유견문〉이라는 책을 썼답니다.

여러 나라에서
보고 들은 걸
책으로 써야지.

유럽

수에즈 운하

인천

일본

홍콩

싱가포르

미국

유길준의 세계 여행

→ 유길준의 여행 경로
→ 출발
→ 도착

바람 잘 날 없는 조선

러시아는 남쪽으로 세력을 넓히기 위해 조선의 항구를 차지하고 싶어 했어요.
영국은 그런 러시아를 견제한다며 조선의 남해안에 있는 섬, 거문도를 멋대로
점령했지요. 조선 정부가 영국에 항의했지만 소용이 없었어요. 결국 청나라가
중재에 나섰어요. 때마침 청나라도 영국이 조선을 넘보는 게 달갑지
않았거든요. 러시아가 조선 땅을 침범하지 않겠다고 약속하자
더 이상 조선에 머물 핑계가 없어진 영국은
2년 만에 물러갔지요.
이렇듯 조선은 탐욕스러운 강대국의
틈바구니에서 편할 날이 없었답니다.

★**중재** 다투는 사이에 끼어들어 화해시켜 주는 것이에요.

조선

다들 왜
조선으로
몰리는 거야?

꽉 찼으니
이제 그만….

조선은
우리 청나라가
먼저 찜했다고!

37

개항 이후 달라진 조선의 모습

조선 쌀은
다 우리 일본의 것!

이 힘든 고비만
잘 넘기자!

엄마,
배고파요.

어려워진 백성들의 생활

개항 이후 일본은 영국산 면직물을★
헐값에 사서 조선에 비싸게 팔았어요.
그렇게 번 돈으로 우리 땅에서 나는 쌀이나
콩 등 많은 양의 곡물을 아주 싼값에 사 갔지요.
면직물을 조선의 쌀과 맞바꾸기도 했고요. 결국
쌀을 싸게 판 농민들의 살림살이는 더욱 힘겨워졌어요.
많은 양의 쌀이 일본으로 팔려 나가자, 나라 안에 쌀이
부족해져 쌀값이 올랐어요. 쌀을 사 먹어야 하는 백성들의
고통도 커졌지요. 면직물을 만들던 수공업자들도 품질이
뛰어난 영국산 면직물에 밀려 사정이 어렵기는 마찬가지였지요.
특히 가을걷이를 한 뒤 이듬해에 보리를 거둘 때까지 먹을 것이
가장 모자랐는데, 그 시기를 '보릿고개'라고 해요. 가난한
사람들에게는 보릿고개를 무사히 넘기는 것이 큰일이었답니다.

★면직물 목화솜으로 짠 모든 천을 가리켜요.

서양 문물을 받아들였어요

경복궁의 건청궁★ 앞뜰에 고종을 비롯한 관리들과 궁녀들이 모여 있었어요.

갑자기 건청궁 주변이 환하게 밝아졌어요.

"와, 캄캄한 밤이 대낮같이 환해졌네!" 여기저기서 감탄하는 소리가 터져

나왔어요. 조선의 궁궐에 처음으로 전깃불이 켜진 거예요. 전깃불 말고도

개항 이후 조선에는 서양의 여러 문물이 전해졌어요. 일본에 갔던 승려가

석유와 램프, 성냥을 들여오는가 하면 궁궐 안에 전화기가 설치되어 소식을

빠르게 전할 수 있게 되었지요.

★**건청궁** 고종 때 경복궁 가장 깊은 곳에 지은 건물로, 고종이 생활하던 장소예요.

39

근대 교육의 시작, 배재 학당과 이화 학당

개항 이후 조선에는 외국인 선교사가 많이 들어왔어요. 그들은 조선의 전통적인 방식과는 다른 서양식 학교와 병원을 세워 기독교를 퍼뜨리려고 했어요.

그 대표적인 학교가 배재 학당과 이화 학당이에요.

이화 학당은 여학생만 다니는 학교였지요. 이전과 달리 여자도 학교에 다닐 수 있게 된 거예요. 그 무렵 나라에서도 처음으로 근대식 학교인 육영 공원을 세워 영어를 중심으로 여러 과목을 가르쳤답니다.

★근대 낡은 전통에서 벗어나 새로운 제도, 문화, 사회를 만든 시대를 뜻해요.

이화 학당

이제 우리도 학교에 다닐 수 있어.

반갑소. 우리는 배재 학당 학생이오!

광혜원

최초의 서양식 병원, 광혜원

미국인 선교사이자 의사인 알렌은 갑신정변 때 칼에 찔린 민영익을 치료해 준
것이 인연이 되어 고종을 만나게 되었어요. 그 뒤 알렌은 고종의 신임을 받아
근대식 병원인 광혜원을 세웠지요. 이곳에서는 아픈 사람들을 치료해 주기도
하고, 학생들에게 서양의 의술을 가르쳐 주기도 했어요. 광혜원은 곧이어
'제중원'으로 이름을 바꾸었지요.

41

조선 사람에게는 너무 낯선 서양 사람

개항 이후 조선에는 서양 사람이 많이 들어왔어요. 당시 조선에 왔던 미국의
천문학자 로웰과 영국의 화가 랜도어는 자신들의 책에 조선을 '고요한 아침의
나라'라고 표현했어요. 하지만 그 당시 대부분의 서양 사람들 눈에 조선은
뒤떨어진 나라였어요. 사람들이 흰옷을 즐겨 입지만 잘 씻지 않고, 거리가
지저분하며, 음식도 깨끗하지 않다고 생각했지요.

특히 아무 데서나 아이에게 젖을 물리는 여자들의 모습은
서양 사람들에게 너무나 이상하게 보였어요.

조선 사람들에게도 서양 사람들은 낯설기만 한 존재였어요.

생김새부터 옷차림, 언어, 생활 방식까지
모두 달랐으니까요.

게다가 서양 사람들이 어린아이를
데려가 잡아먹는다는 이상한 소문이
퍼지는 바람에 서양 사람들을
두려워하는 사람들도 생겨났어요.

까약~
우리 아이는
잡아먹지 마세요!

오, 말도 안 돼!
길거리에서 젖을
먹이다니….

언제부터 짜장면을 먹었을까요?

맛있고,
먹기도 간편해서
좋군!

강화도 조약에 따라 1883년에 인천항을 개항하면서 많은 외국 상인이 이곳을 드나들었어요. 그러자 점차 인천에는 미국, 영국, 독일, 일본, 중국(청나라) 등 같은 나라의 사람들끼리 모여 사는 지역이 생겨났지요. 그리고 이때 처음으로 우리나라에 중국 음식점들이 들어섰어요. 그중 '공화춘'이라는 중국 음식점에서 처음으로 중국 된장인 춘장을 볶아 국수에 얹은 짜장면을 만들어 팔기 시작했어요. 짜장면은 인천 부두★에서 일하던 중국인 일꾼들의 배고픔을 달래 주었지요. 대부분의 중국 요리와 달리 짜장면은 조리법이 복잡하지 않아 손쉽게 만들 수 있고 먹기도 편했거든요.

그 뒤 우리 입맛에 맞는 짜장면이 만들어졌고, 짜장면은 우리나라 사람들이 가장 좋아하는 음식 중 하나가 되었어요.

공화춘은 현재 짜장면의 탄생과 역사를 한눈에 볼 수 있는 짜장면 박물관으로 탈바꿈했답니다.

★부두 배를 대어 사람과 짐이 육지로 오르내리도록 만들어 놓은 곳이에요.

◀짜장면 박물관으로
탈바꿈한 공화춘

동학 농민 운동이 일어났어요

청나라와 일본의 간섭으로 나라 안이 몹시 어지러웠어요. 게다가 탐관오리[★]들이
세금을 너무 많이 거두어 살기가 더욱더 힘들어지자 농민들 사이에 동학이[★]
널리 퍼져 나갔어요. 결국 1894년에 전라도 고부에서 녹두 장군으로 불리는
전봉준을 중심으로 동학을 믿는 사람들과 농민들이 함께 들고일어났어요.
이를 '동학 농민 운동'이라고 해요.
이들은 관아를 차지하고 백성들에게 곡식을 나누어 주며, 탐관오리들을
몰아내려고 했어요.

★**탐관오리** 백성들의 재물을 탐내어 빼앗는 등 행동이 바르지 못한 관리를 말해요.
★**동학** 서학(천주교)에 맞서 최제우가 만든 종교로, 사람을 하늘같이 섬기는 것을 기본 사상으로 삼았어요.

동학 농민군이 곳곳에서 승리를 거두자 다급해진 조선 정부는 청나라에
도움을 요청했어요. 청나라군이 조선에 오자 일본도 덩달아 군대를 보냈지요.
결국 두 나라는 조선 땅에서 맞붙고야 말았어요. '청일 전쟁'이 일어난 거예요.
전쟁에서 승리한 일본이 조선의 나랏일에 적극적으로 간섭하자 동학 농민군이
나섰어요. 하지만 최신 무기로 싸우는 정부군과 일본군을 당할 수는 없었지요.
결국 전봉준이 붙잡혀 죽고 동학 농민군이 모두 흩어지면서 동학 농민 운동은
끝이 났어요. 그렇지만 동학 농민 운동은 농민들이 중심이 되어 외국 세력을
몰아내고 불평등한 사회를 바로잡기 위한 중요한 움직임이었답니다.

★**정부군** 나라에 소속된 군대예요.

여러 강대국이 자신들의 세력을 넓히기 위해 조선의 문을 두드렸고, 그 뒤 조선은 큰 변화를 겪었어요. 이 시기에 일어난 일 중 내용이 올바르지 않은 것을 두 개 찾아보세요.

청일 전쟁에서 승리한 일본은 청나라를 몰아내고

조선을 손아귀에 넣기 위해 하나씩 준비를 해 나가기 시작했어요.

그러한 가운데 조선의 백성들은 다양한 방법으로 나라를 지키기 위해 힘썼지요.

고종도 나라의 이름을 '대한 제국'으로 바꾸고 왕의 명칭을 '황제'로 바꾸는 등

나라의 힘을 키우려고 노력했고요.

일본의 침략 속에서 우리 민족이 **나라를 지키기 위해**

어떤 노력을 기울였는지 지금부터 찬찬히 살펴보아요.

갑오개혁의 두 얼굴

동학 농민 운동이 일어나자 조선 정부는 개혁이 필요하다고 느꼈어요. 그래서
스스로 개혁을 실시하고 청나라와 일본의 군대가 물러갈 것을 요구했지요.
하지만 일본은 이를 무시하고 경복궁을 점령하더니 김홍집의 새로운 세력을
내세워 개혁을 강요했어요. 이를 '갑오개혁'이라고 해요.

'신분 제도를 없앨 것, 과거 제도를 없앨 것, 모든 세금을 화폐로 내게 할 것,
나라의 재정을 맡아보는 기관을 한곳으로 할 것, 도량형을 통일할 것,
일본과 같은 화폐 제도를 실시할 것'과 같은 내용이었어요.

★**재정** 나라나 단체가 돈을 관리하고 이용하는 모든 일을 뜻해요.
★**도량형** 길이, 무게, 부피 등을 재는 법이에요.

풋,
사실 갑오개혁은
우리 일본에게 더
유리한 거거든!

자주독립
조선

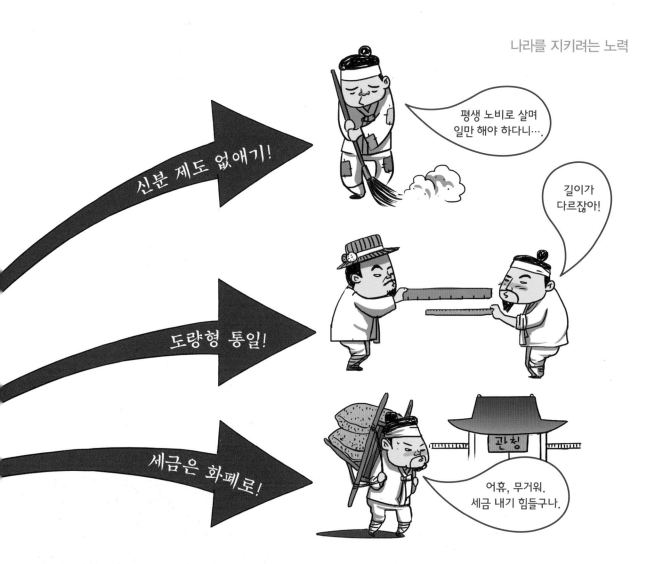

일본은 청일 전쟁에서 승리할 무렵에는 박영효를 내세워 개혁을 계속
밀어붙였어요. 그때 발표된 열네 가지 개혁 내용 중 첫 번째는 '조선은
청나라와 관계를 끊고 자주독립★한다'는 것이었어요. 이것은 조선을 온전히
자신들의 영향 아래에 두려는 속셈이었지요.

1894년부터 진행된 갑오개혁에는 갑신정변과 동학 농민 운동에서 주장한
내용이 어느 정도 담겨 있었어요. 하지만 일본에 의존적인 세력이 이끈
개혁이어서 나중에 일본이 조선을 침략하는 데 발판이 되었지요.

★자주독립 한 나라가 다른 나라의 간섭 없이 스스로 문제를 결정하고 처리하는 것을 말해요.

비극적인 사건, 을미사변

명성황후를 못마땅하게 여긴 일본

러시아는 일본이 세력을 키우는 것이 달갑지 않았어요.
그래서 그 기세를 누르기 위해 프랑스와 독일을 끌어들여
일본이 청나라에게서 빼앗은 땅을 돌려주도록 일본 정부에
강요했지요. 아직 세 나라에 맞설 힘이 부족했던 일본은
어쩔 수 없이 청나라에 그 땅을 도로 넘겨주었어요.
이 상황을 지켜본 명성황후는 일본의 간섭을 피하려면 러시아의
힘이 필요하다고 판단했어요. 그래서 러시아와 친한 세력을
관리로 뽑아 썼지요. 일본은 러시아와 손잡고 자신들을 막으려고
하는 명성황후를 눈엣가시로 여겼어요.

두고 보자,
명성황후!

명성황후의 비참한 죽음

그러던 어느 날, 명성황후가 머물고 있던 경복궁 건청궁의 옥호루에
일본 군인들과 깡패들이 들이닥쳤어요. 그들은 명성황후를 앞뜰로 끌어내어
순식간에 칼로 베었어요. 그리고 잔인하게 살해된 명성황후의 시신을 근처
숲에서 불태워 버렸지요. 1895년에 벌어진 이 사건을 '을미사변'이라고 해요.
이 일과 관련된 일본인들은 재판을 받았지만 결국 모두 풀려났어요.
조선이 아닌 일본에서 재판을 했기 때문이에요. 강화도 조약 때 일본인이
조선에서 죄를 짓더라도 조선 법이 아닌 일본 법에 따라 처벌한다는 조항이
있었잖아요.

강제로 실시된 단발령

을미사변 이후 다시 일본과 가까운 사람들로 조선의 정부가 구성되었어요.
일본은 이들을 앞세워 개혁을 실시했지요. 그중 하나가 남자들의 상투를
자르고 머리카락을 짧게 깎도록 하는 단발령이에요. 일본은 고종에게 먼저
본을 보이라고 강요했어요. 그리고 관리들에게 가위를 들고 다니며 거리에서
강제로 백성들의 머리를 깎도록 했지요.

유교 전통 아래에서 살아온 조선의 백성들은 머리카락을 자르는 것이
부모님에게서 물려받은 몸을 상하게 하는 거라고 생각했어요. 그렇지 않아도
을미사변 때문에 분노에 차 있던 백성들은 결국 곳곳에서
의병을 일으켜 단발령에 반대했어요.

★**의병** 나라가 위태로울 때 백성들이 스스로 만든 군대,
또는 그 군대의 군인들을 말해요.

명성황후를 죽이더니
이젠 우리에게 목숨 같은
머리카락을 자르라고?

러시아 공사관으로 몸을 피한 고종

러시아 공사관

여기서 강한 나라를
만들 방법을 연구해 봅시다.

명성황후가 죽은 뒤 고종은 자신도 목숨을
잃을지 모른다는 걱정에 하루도 마음 편히 지낼 수 없었어요.
그때 러시아와 가까운 관리들이 일본을 막아 줄 힘이 있는 나라는
러시아밖에 없다면서 고종에게 러시아 공사관에서 지낼 것을 권했어요.
고종은 고민 끝에 세자와 함께 궁녀의 가마를 타고 몰래 궁궐을 빠져나가
러시아 공사관으로 갔어요. 그리고 약 1년 동안 러시아 공사관에 머물렀어요.
그곳에서 고종은 일본에게서 벗어나 나라를 다시 세우기 위한 준비를
해 나갔어요.
그사이 러시아는 조선에서 세력을 키우며 많은 경제적 이익을 챙겼지요.

조선에서 대한 제국으로!

고종은 약 1년 만인 1897년에 경운궁⭐으로 돌아왔어요. 궁궐로 돌아온 고종은
이전의 모습과는 다른 나라를 만들기로 다짐했어요. 그래서 왕의 힘을 강하게
하여 중국과 대등한 황제의 나라를 만들기 위해 스스로를 '황제'라고 했어요.
또 나라의 이름을 '대한 제국'⭐으로 바꾸었지요. 고종은 환구단을 세우고
그곳에서 자신이 황제가 된 것과 대한 제국이 다른 나라에 의존하지 않는
자주독립 국가임을 널리 알렸어요.
그 뒤 강한 군대를 만들고, 학교를 세우고, 산업을 키우는 등 나라를
발전시키고 강하게 만들기 위해 여러 가지 개혁을 펼쳐 나갔어요.

⭐**경운궁** 지금의 덕수궁이에요.
⭐**대한 제국** '대한'은 '한반도'를 뜻하며, '제국'은 '황제의 나라'라는 뜻이에요.

▲황궁우 환구단 북쪽에 세운 건물로, 하늘 신과
조상신의 위패를 모셔 둔 곳이에요.

▼환구단
고종 때 하늘에 제사를 지내기 위해
세운 둥근 제단이에요. 1913년에
일본이 없애 버려 지금은 남아 있지
않아요.

이제부터 나는 황제가
되었으며, 나라의 이름을
대한 제국이라 하겠노라!

57

자주독립을 바랐던 독립 협회

대한 제국이 세워지기 전부터 서재필과 같은 지식인들은 조선이 다른 나라에
의지하거나 강대국의 간섭을 받지 않는 자주독립 국가가 되어야 한다고
생각했어요.

그래서 1896년에 '독립 협회'라는
단체를 만들고, 〈독립신문〉을
펴냈어요. 또 청나라의 사신을
맞이하던 영은문을 헐은 자리에
백성들이 낸 돈을 모아 독립문을
세웠지요. 이것은 청나라의 간섭에서
벗어나겠다는 뜻이었어요.

나는 천한 백정 출신
박성춘이오!
관리와 백성이
함께 힘을 모읍시다!

그리고 러시아를 비롯한 여러 나라가 우리나라의 광물을 캐어 가고, 나무를 베어 가고, 철도를 놓는 등 여러 가지 경제적 이익을 챙기는 것을 소리 높여 비판했어요. 그뿐만 아니라 '만민 공동회'라는 토론회를 열어 누구든지 자유롭게 나랏일에 대한 자신의 의견을 발표할 수 있게 했어요. 처음 열린 만민 공동회에서 연설한 사람은 천민 출신인 박성춘이었지요. 토론회에는 정부의 높은 관리들이 참여하기도 했어요. 독립 협회는 토론회에서 대한 제국이 자주독립 국가로 발돋움할 수 있는 여섯 개 조항을 정하여 고종에게 올렸지요. 처음에 고종은 독립 협회의 뜻을 받아들였어요. 하지만 점차 독립 협회가 황제의 자리를 위협한다고 판단해 강제로 독립 협회를 없앴어요.

〈독립신문〉

서재필

독립문

고종의 입맛을 사로잡은 오묘한 맛의 커피

우리나라에 커피가 전해진 것은 서양의 선교사와
외교관들이 조선에 들어오면서부터라고 해요.
고종은 러시아 공사관에 머무는 동안 처음으로
커피를 맛보았어요. 씁쓸하면서도 향긋하고
고소한 커피의 맛은 참으로 오묘했지요.
고종은 경운궁으로 돌아온 뒤에도 커피를 즐겨
마셨는데, 경운궁 안에 서양식 건물인 정관헌을
짓고 그곳에서 음악을 들으며 커피를 마셨대요.

▼정관헌

사람들은 커피를 '가비차'나
'가배차'라고 불렀어요. 또한 커피의
색이 검고 쓴맛이 나는게 꼭 탕약★
같다며 '서양의 탕국'이라는 뜻의
'양탕국'이라고 부르기도 했는데,
이것이 인삼보다 몸에 좋다는
소문이 났다고 해요.

★탕약 달여서 마시는 한약이에요.

이게
인삼보다
몸에 좋대.

에구, 써라!
탕약처럼 쓰네!

달라지는 대한 제국

서양식 관복과 서양식 건물인 석조전

고종은 대한 제국을 세운 뒤 세계적인 흐름에 발맞추어 자신과 신하들의
관복을 서양식으로 바꾸었어요. 하지만 이렇게 서양의 문화를 적극적으로
받아들이면서도 중요한 행사가 있을 때에는 전통 관복을 입어 우리 민족의
고유한 전통을 지켰지요.

또 경운궁에는 서양식 건물인 석조전도 세웠어요. 석조전은 돌로 지은
3층짜리 건물로, 건물 앞에는 서양식 정원을 꾸미고 분수대를 만들어
놓았어요. 영국인이 설계를 맡아서 유럽의 궁전과 모습이 비슷하지요.
이렇게 서양식 관복을 입고, 서양식 건물을 세운 것은 대한 제국의 근대화를
위한 것이었답니다.

경운궁(오늘날의 덕수궁) 석조전

모두
대한 제국의
근대화를 위한
것이라네.

운동회가 널리 퍼졌어요

대한 제국 시기에는 수많은 운동회가 열렸어요.

태극기와 만국기가 휘날리는 운동장에서

학생들은 300보, 600보 달리기, 공 던지기,

대포알 던지기(투포환), 멀리뛰기, 높이뛰기,

동아줄 끌기(줄다리기) 등 다양한 경기를 펼쳤지요.

당나귀 타고 달리기 같은 특이한 경기도 있었고요.

달리기를 할 때에는 심판이 검은 우산을 들고 있다가 내려서

출발을 알렸어요. 학생들은 운동 경기와 더불어 군대식 행진을 하고

"대한 제국 만세!"를 외치며 애국심을 높이기도 했어요.

★**보** 거리를 잴 때 쓰던 옛 단위로, 1보는 1.26미터 정도예요.

62

변화하는 교복

이화 학당 학생들이 처음으로 입었던 교복은 다홍색 치마저고리였어요.

그런데 사람들이 '홍둥이'라고 부르며 호기심을 갖자 흰색 저고리에

옥색 치마로 바꾸었지요. 그 뒤로는 치마를 검은색으로 바꾸었고요.

또 학교에 오갈 때에는 교복 위에 쓰개치마★를 쓰고 다녔다고 해요.

명신 여학교에서는 서양식의 자주색 원피스를 교복으로 입은 적도 있어요.

하지만 얼마 지나지 않아 한복으로 바꾸었지요.

검은 두루마기에 학생 모자를 쓰고 다니던 배재 학당 학생들은 시간이 흐르자

서양식 교복을 입었어요. 검은색 양복의 소매 끝과 앞자락 단

등에는 태극을 상징하는 빨간색과 파란색 선이 둘러져

있었답니다.

★**쓰개치마** 옛날에 여성들이 밖에 나갈 때 머리와 몸 윗부분을
가리기 위해 쓰던 치마예요.

한복만 입다가
서양식 원피스를
입으려니
어색하네.

서양식 건물과 전차, 달라진 거리 풍경

서양의 여러 가지 문물이 들어오면서 거리의 풍경도 달라졌어요.

기와집을 대신해 벽돌이나 시멘트로 지은 서양식 건물들이 여기저기

들어섰지요.

가마와 말이 다니던 숭례문 앞의 거리도 차츰 변하기 시작했어요.

곳곳에 전봇대가 세워지고, 전선들이 복잡하게 연결되었어요. 땅 위에 길게

연결된 전찻길로는 전차가 지나다녔지요. 어린아이가 멋모르고 길을 건너다가

전차에 치여 죽는 일도 있었어요.

★**전차** 전기의 힘으로 땅 위에 설치된 전찻길 위를 달리는 차예요.

한복 대신 서양식 옷차림

서양식 옷이 소개되면서 사람들이 입는 옷도 변하기 시작했어요. 처음에
양복은 주로 잘사는 사람들이 입고 다녔어요. 시간이 지나자 양장★ 차림에
양산을 쓴 여자들과 짧게 자른 머리에 중절모자를 쓰고 구두를 신은 양복
차림의 남자들을 여기저기에서 볼 수 있었지요.

하지만 사람들이 오랫동안 입어 온 한복을 하루아침에 벗어 버린 것은
아니에요. 남자들은 한복에 양복 조끼를 입기도 하고, 여자들은 치마 길이를
짧게 줄이는 등 한복을 좀 더 편리하게 고쳐
입고 다니기도 했지요.

★**양장** 서양식으로 꾸민 옷차림이나 머리 모양을 말해요.

일본의 속셈이 숨어 있는 철도

1899년에 처음으로 서울에서 제물포(지금의 인천)를 잇는 철도가 놓였어요.

칙칙폭폭 칙칙폭폭 연기를 뿜으며 기차가 달리기 시작한 뒤 〈독립신문〉에는

"기차 소리가 천둥소리 같아서 하늘과 땅이 울리고, 매우 빨라서 하늘을 나는

새도 따라잡지 못한다."라는 기사가 실렸어요.

기차를 타 본 사람들도 그 소리와 빠르기에 무척 놀라며 신기해했어요.

또한 기차로 한꺼번에 많은 사람과 물건이 오고 갈 수 있으니

매우 편리했지요.

빨리빨리들 움직이라고!

하지만 이런 편리함

뒤에는 일본의 검은 속셈이 숨어 있었어요.

일본이 우리나라에 철도를 놓은 것은 그것을 이용해 우리 땅에서 난

쌀과 석탄, 철광석 등을 일본으로 실어 가고, 일본에서

만든 비싼 물건들을 우리나라에 들여와 팔기 위해서였거든요.

그 뒤로도 일본은 우리나라를 침략하고, 러시아,

중국 등과 전쟁을 하는 데 필요한 물품들을 실어

나르기 위해 계속해서 철도를 놓았어요.

조선의 쌀과 자원을 일본 땅으로! 히히!

후유!

철도 공사를 계획한 것은 일본이었지만,

막상 공사에 불려 나가 고되게 일을 한 사람들은 일본인이 아닌

우리 백성들이었어요. 또한 일본은 우리 백성들에게 철도를 놓는 데

필요한 땅을 무조건 내놓도록 강요하기도 했답니다.

우리나라의 외교권을 빼앗은 일본

일본의 승리로 끝난 러일 전쟁

고종이 러시아 공사관에 머문 뒤로 러시아는 적극적으로 우리나라에 세력을
뻗쳤어요. 그러자 1904년에 러시아와 일본 사이에 전쟁이 일어났어요.
바로 '러일 전쟁'이에요. 이 전쟁에서 일본이 승리를 거두었어요. 자꾸만
세력을 넓히려는 러시아를 두고 볼 수 없었던 미국과 영국이 일본을 도왔기
때문이지요. 전쟁에서 이긴 일본은 우리나라를 집어삼키려는 본색을 슬슬
드러내기 시작했어요.

강제로 맺은 을사늑약

1905년 어느 날 밤, 일본군이 쫙 늘어선 경운궁에서
일본의 정치가인 이토 히로부미가 대한 제국의 대신들을
협박해 강제로 조약을 맺었어요. 바로 일본이 우리나라의
외교권★을 빼앗아 간 '을사늑약'이에요. 대한 제국은 일본을 통해서만
다른 나라와 외교를 할 수 있다는 내용이었지요. 억지로 맺은 조약이어서
'늑약'이라고 한답니다. 고종을 비롯한 여러 대신들은 이 조약을 강력하게
거부했어요. 그러자 일본은 이 조약에 찬성하는 대신들만 불러 다시 회의를 연
거예요. 을사늑약에 찬성한 이완용을 비롯한 다섯 명의 친일파★에게 우리
민족의 앞날은 중요하지 않았어요.

★**외교권** 다른 나라와 외교를 할 수 있는 한 나라의 권리예요.
★**친일파** 일본의 편에 서서 그들의 침략에 힘을 싣고 따르던 무리예요.

나라를 되찾기 위한 움직임

헤이그에 특사를 보냈어요

을사늑약 이후 고종은 이 조약이 무효라는 사실을 여러 나라에 알리기 위해 애썼어요. 그리고 때마침 네덜란드 헤이그에서 만국 평화 회의가 열리자 그곳에 이준, 이상설, 이위종 세 명의 특사[★]를 보냈어요. 하지만 일본의 방해로 회의장에 들어가 보지도 못했지요. 이들은 세계 여러 나라의 기자들 앞에서 을사늑약은 강제로 맺어진 조약이라는 연설을 하는 등 여러 가지 노력을 했어요. 그렇지만 별 성과를 얻지 못하자 이준은 분을 이기지 못해 결국 헤이그에서 숨을 거두고 말았어요.

그 뒤 일본은 헤이그에 특사를 보낸 것을 핑계 삼아 고종을 협박해 강제로 황제의 자리에서 물러나게 했어요.

★**특사** 나라를 대표하여 특별한 임무를 띠고 외국에 가는 사람이에요.

전국에서 의병이 일어났어요

일본에게 외교권을 빼앗기자 분노한 우리 민족은 한마음으로 일어나
일본에 맞섰어요. 이토 히로부미와 친일파를 없애려는 움직임도 있었고,
총칼을 든 의병도 들고일어났지요. 의병장 중에는 최익현과 같은 양반
출신뿐만 아니라 신돌석과 같은 평민 출신도 있었어요.

고종이 강제로 황제의 자리에서 물러나게 되자 이들은 더욱 거세게 일본에
맞섰어요. 일본이 우리의 군대마저 없애 버린 뒤였기 때문에 군인들까지
참여해 의병의 힘은 더욱 강해졌지요. 일본군은 신돌석이라는 이름만 들어도
벌벌 떨었다고 해요.

하지만 일본이 끈질기게 탄압하자, 더 이상 우리나라에서 활동할 수 없었던
의병들은 만주나 연해주로 건너가 독립군이 되어 일본에 맞섰답니다.

★만주 중국의 동북 지방으로, 남쪽이 압록강과 두만강을 경계로 한반도와 닿아 있어요.
★연해주 러시아의 동남쪽 끝에 있는 지방으로, 우리나라와 두만강을 사이에 두고 있어요.

아는 것이 힘!

나라를 구하기 위해서는 애국심과 실력을 길러야
한다고 생각한 사람들이 교육과 계몽★ 활동을
시작했어요. 이들은 대성 학교, 오산 학교 등 수많은
학교를 세워 인재를 길렀어요. 책이나 신문, 잡지에
일본이 저지른 일에 대해 비판하는 글도 실었고요.
또 우리말과 우리글, 우리 역사를
연구하고 일본에게 진 나라의 빚을
갚기 위한 '국채 보상 운동'도
벌였지요.

★**계몽** 아는 것이 없거나 교육을 받지 못한 사람.
또는 예전의 습관에만 매여 있는 사람을 가르쳐서
깨우치는 것이에요.

교육만이
살 길입니다!

대나무같이 곧은 신채호

역사를 연구한 학자인 신채호는 대나무같이 곧은 사람이었어요.
일본이 우리나라를 빼앗으려고 하자,
일본에게 절대 머리를 숙일 수 없다는
생각에 세수를 할 때에도 고개를 꼿꼿이
들고 있을 정도였어요. 그러니 세수를
하고 나면 옷이 온통 젖어 있었겠지요.
신채호는 나라를 사랑하는 마음을 기르기 위해서는
우리의 오랜 역사를 잘 알아야 한다고 생각했어요.
그래서 을지문덕, 이순신과 같은 영웅들의 이야기와
고조선, 고구려 등의 역사를 책으로 써서 우리 민족의
우수성을 알리고 자부심을 높이려고 애썼지요.

역사를 잃은 민족은 다시 살아날 수 없지.

73

대한 만세!

이토 히로부미에게 총을 겨눈 안중근

만주 하얼빈 역에서 많은 사람이 이토 히로부미를 기다리고
있었어요. 그중에는 안중근도 있었지요. 의병장으로 나라
안팎에서 일본과 맞서던 안중근은 우리나라의 외교권을
빼앗는 데 앞장선 이토 히로부미를 죽일
계획이었어요. 탕, 탕, 탕! 세 발의
총소리가 역에 울려 퍼지더니
이내 이토 히로부미가 쓰러졌어요.

그리고 다시 세 발의 총소리가 더 들렸어요. 총을 쏜 안중근은 그 자리에서
붙잡히면서 러시아 어로 "대한 만세!"라고 외쳤어요.

그는 이토 히로부미를 죽인 죄로 사형 선고를 받으면서도 당당한 표정으로
동양의 평화를 위해 한 일이었음을
밝혔어요. 그리고 이토 히로부미가
우리 민족에게 지은 죄 열다섯 가지를
조목조목 말했답니다.

호 적 제 도

새로운 호적 제도

지금부터 모두
성과 본관을
신고하도록!

일본은 새로운 호적★ 제도를 발표하고 우리 백성
모두에게 성과 본관★, 이름 등을 나라에 신고하도록
했어요. 이것은 양반 중심의 사회를 완전히
무너뜨리고, 우리 민족을 효과적으로 다스리기 위해서였지요.

그런데 당시 하인들은 대부분 성과 본관이 없었어요. 그래서 보통 주인의 성과
본관을 따르거나, 잘 알려진 경주 김씨, 전주 이씨 등을 사용해 신고를 했어요.
신고를 하러 간 자리에서 바로 성과 본관을 정하기도 했고요.

또 그동안 '○○ 엄마, ○○ 부인, ○○댁, 김 씨, 이 씨' 등으로 불리던
여성들도 이름을 갖게 되었어요. 그런데 급하게 이름을 만들다 보니,
'김씨 성을 가진 여자'라는
뜻의 '김성녀' 같은 별 뜻이
없는 이름이 많았지요.

★호적 이름, 생년월일, 가족 관계 등을
  기록한 공식적인 문서예요.
★본관 첫 번째 조상이 태어난 곳을
  말해요.

우리 딸 이름은
뭐라고 하죠?

어린 여자애니까
'김언년'이라고 하지 뭐.

우리 땅 독도

▲독도

맑은 날이면 울릉도에서 망원경 없이도 볼 수 있는 섬이 독도예요. 독도는 신라의 장군 이사부가 울릉도를 정복한 뒤 지금까지 줄곧 우리의 땅이었지요. 그런데 17세기 말부터 일본이 독도를 포함한 울릉도를 욕심내며 갈등을 일으키기 시작했어요. 조선은 그런 일본과 3년 동안 치열하게 논쟁을 벌였고, 결국 일본은 1696년에 독도가 조선의 땅이라고 인정했지요. 그리고 일본 정부는 공식적으로 일본 어부들에게 울릉도와 독도에서 고기잡이를 하지 못하게 했어요.

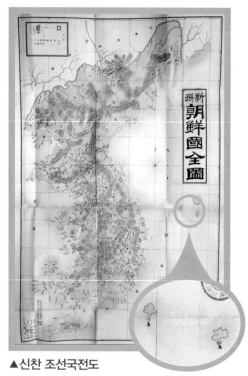

▲신찬 조선국전도

왼쪽 지도는 일본에서 만든 '신찬 조선국전도'예요. 여기에는 독도와 울릉도가 한반도와 같은 색인 노란색으로 그려져 있어요.
즉 일본이 '독도는 조선의 땅'이라고 인정하는 지도라고 할 수 있어요.
그 밖에도 프랑스에서 만든 '조선왕국전도', 일본에서 만든 '삼국접양지도' 등 독도가 일본의 땅이 아닌, 우리의 땅임을 나타내는 옛 지도와 자료가 많이 있어요.

1900년에 고종은 독도가 우리의 땅임을 전 세계에 널리 알렸어요. 그런데 러일 전쟁 중에 일본이 독도를 '다케시마'라고 부르며 스리슬쩍 자기네 땅으로 끼워 넣어 버렸어요. 대한 제국 정부는 그에 맞서서 독도가 우리의 땅임을 다시 확실히 밝혔지만, 을사늑약으로 외교권을 빼앗긴 형편이라 이 문제를 바로잡기란 어려운 일이었지요.

한편 서양 사람들은 독도를 '리앙쿠르 바위'라고 불렀어요. 프랑스의 고래잡이배인 리앙쿠르호가 처음 발견했다고 하여 그 배의 이름을 따 붙인 것이지요.

독도는 엄연히 우리 백성들이 살고 있는 우리의 섬이었는데 말이에요. 독도가 다케시마로 불리는 것도 리앙쿠르 바위로 불리는 것도 터무니없는 일이지요.

지금까지도 일본은 독도를 차지하기 위해 역사를 그릇되게 해석하고, 다케시마의 날을 기념하고, 다른 나라의 동의를 얻기 위해 끈질기게 힘쓰고 있어요.

이러한 상황에서 독도를 지키려면 우리 땅의 역사를 잘 알고 있는 것이 가장 중요하답니다.

일본에게서 나라를 지키기 위해 많은 사람이 노력했어요. 각 인물과 관련된 일을 떠올리며 ◯에 들어갈 낱말을 낱말 상자의 가로, 세로, 대각선에서 하나씩 찾아 색칠해 보세요.

저는 안중근입니다. 만주 ㉠㉡㉢ 역에서 우리나라의 ㉣㉤㉥ 을 빼앗는 데 앞장선 ㉦㉧㉨㉩㉪ 를 죽였지요. 후회는 없어요. 그는 우리 민족에게 큰 죄를 지은 사람이니까요.

*69쪽과 74쪽을 참고하세요.

복	해	염	지	유	기	도
시	이	희	추	관	외	민
계	무	토	과	윤	교	궁
붕	과	향	히	기	권	과
험	론	민	창	로	붕	펼
무	시	와	걱	금	부	종
하	얼	빈	역	집	학	미

평	민	객	재	주	싶	사
조	태	서	윤	희	공	역
과	빈	보	지	오	관	리
별	금	우	원	호	문	염
도	사	의	영	화	랑	당
시	현	병	신	룡	리	이
화	우	장	현	규	별	무

저 신돌석은 ◯◯ 출신 ◯◯◯입니다. 태백산 ◯◯◯라고 불렸지요. 경상도, 강원도, 충청도 등에서 의병 부대를 이끌며 일본에 맞서 싸웠답니다.

*71쪽을 참고하세요.

나는 나라를 새롭게 일으키기 위해 나라의 이름을 대한 제국으로 바꿨지.

저 서재필은 우리나라를 자주독립 국가로 만들기 위해 뜻이 맞는 지식인들과 함께 ○○ ○○라는 단체를 만들고 ○○○○을 펴냈어요. 백성들이 낸 돈을 모아 ○○○도 세웠지요.

*58~59쪽을 참고하세요.

객	음	과	독	수	희	검
자	시	희	박	립	박	오
독	오	예	왕	업	문	매
립	민	대	별	부	마	창
신	우	악	관	탕	매	가
문	조	탕	입	펴	상	동
보	공	독	립	협	회	인

와	입	얼	동	현	지	만
궁	헤	태	와	빈	일	국
복	히	이	초	광	금	평
얼	희	미	그	매	화	화
경	노	로	비	종	민	회
을	사	늑	약	윤	대	의
당	물	부	자	보	족	우

우리 셋은 ○○○○이 무효임을 알리기 위해 네덜란드 ○○○에서 열린 ○○ ○○ ○○에 특사로 갔어요. 많은 노력을 했지만 성과를 거두지는 못했어요.

*70쪽을 참고하세요.

세계의 여러 강대국이 자기 나라의 물건을 팔고, 필요한 물건이나

자원을 빼앗기 위해 총칼을 들이대며 약한 나라들을 지배하기 시작했어요.

그러한 세계의 흐름 속에서 우리 민족도 결국 일본에게 나라를

빼앗기고 말았지요. 일본은 우리 민족을 갖은 방법으로 탄압하고

우리 땅에서 나는 많은 것을 차지했어요.

어둡고 힘겨웠던 **일본의 식민 통치** 아래에서 우리 민족은 어떤 삶을

살았으며, **독립을 위해 어떤 노력을 기울였는지** 알아보아요.

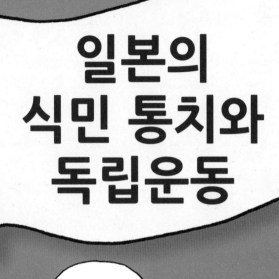

나라를 빼앗긴 슬픔

경복궁 근정전

일본에게 나라를 빼앗겼어요

을사늑약으로 대한 제국의 외교권을 빼앗은 일본은 그 뒤로도 여러 가지

조약을 맺어 군대를 없애고 경찰권★을 빼앗았어요. 그리고 1910년 8월

29일에 '한일 병합 조약'을 발표하여 대한 제국을 일본의 식민지★로 만들었지요.

이때부터 일본이 우리나라를 강제로 지배한 35년 동안을 '일제 강점기'라고

해요. 경복궁 근정전에 일본의 국기가 내걸리자 백성들은 나라를 빼앗긴

슬픔에 울부짖었으며, 스스로 목숨을 끊는 사람들도 있었어요.

★**경찰권** 경찰의 권한을 말해요.
★**식민지** 다른 나라의 지배를 받는 나라를 말해요.

총칼로 다스린 일본

일본은 우리나라를 식민지로 만든 뒤 제 마음대로 다스리기 위해 '조선 총독부'라는 기관을 두었어요. 그리고 군인 출신인 일본인 데라우치를 총독으로 보냈지요.

데라우치는 우리 민족의 저항을 막기 위해 총칼을 갖춘 헌병 경찰★을 두어 곳곳에서 감시하도록 했어요. 심지어는 학교의 선생님도 제복을 입고 칼을 차게 했답니다. 이런 공포스러운 분위기 속에서 백성들은 숨을 죽이고 살아야만 했어요.

★**헌병 경찰** 군인인 헌병이 경찰 역할을 하는 것을 말해요.

▼조선 총독부 청사
조선 총독부가 사용하던 건물로, 광복 50주년을 맞아 1995년 8월 15일에 철거되었어요.

땅을 빼앗긴 우리 민족

일본은 전국의 땅을 조사하여 땅의 주인과 넓이를
정확히 밝힌다며 '토지 조사 사업'을 실시했어요.
하지만 그들의 진짜 속셈은 바로 우리의 땅을 빼앗는 것이었어요.
그래서 땅을 신고하는 절차를 어렵고 복잡하게 만들어 농민들이
정해진 기간 안에 제대로 신고를 할 수 없게 했지요.
나라 땅에서 조상 대대로 농사지어 오던 농민들이나 한집안,
한동네에서 공동으로 땅을 일구던 사람들은 땅의 주인을 가리기가
애매했어요. 또 일본에 저항하느라 일부러 신고하지 않는 사람들도
있었지요. 조선 총독부는 이렇게 여러 가지 까닭으로
신고되지 않은 땅들을 모두 차지했어요.

그리고 빼앗은 땅을 동양 척식 주식회사★에 넘겨서
우리나라로 건너오는 일본인들에게 헐값에 팔았지요.
결국 우리 농민들은 아무리 피땀 흘려 농사지어도 새로운 땅
주인인 일본인에게 비싼 땅 사용료를 내고 나면 남는 게 거의
없었어요. 게다가 일본은 우리 민족이 회사를 세우려고 해도
까다로운 조건을 내세우며 잘 허가해 주지 않았어요. 그러니
우리 백성들은 경제 활동도 제대로 하기 힘들었지요.
이렇게 일본의 지배 아래에서 살기 힘들어진 백성들은
고향을 떠나 만주나 연해주로 건너가기도 했어요.

★**동양 척식 주식회사** 일본이 우리나라의 땅과 쌀 등의 자원을 빼앗아
가기 위해 세운 회사예요.

파괴된 궁궐들

대한 제국을 식민지로 만들기 전부터 일본은 조선 왕조의 상징인 궁궐들을 파괴하기 시작했어요. 창경궁 안의 건물들을 헐고, 그곳에 동물원을 만든 뒤 코끼리, 곰, 호랑이 같은 동물들을 데려다 놓았지요. 한쪽에는 온실을 갖춘 식물원을 만들었고요. 그리고 궁궐 곳곳에 일본 사람들이 좋아하는 벚나무를 수천 그루나 심었어요. 그것도 모자라 '궁'을 '원'으로 낮춰 이름마저 '창경원'으로 바꿔 버렸지요.

일본은 우리 백성들이 마음껏 즐길 수 있는 공간을 만들고 있다고 주장하면서 우리 민족의 정신이 깃든 궁궐을 마음대로 고치고 파괴한 거예요.

▼창경궁 대온실
일본이 창경궁에 동물원과 함께 지은 서양식 식물원이에요.

우리가 왜 이 궁궐 안에 들어와 있는 거지?

또한 일본은 그동안 자신들이 조선을 잘 다스려 산업을 발전시킨 것처럼
보이기 위해 '조선 물산 공진회'라는 박람회를 열었어요.
박람회가 열린 곳은 다름 아닌 경복궁이었지요. 일본은 경복궁의 정문인
광화문과 근정전 사이에 있는 흥례문을 헌 다음, 그곳에 전시관을 지었어요.
이듬해에는 그 자리에 조선 총독부 건물을 세운다며 더 많은 곳을 허물었고요.
이렇게 우리의 궁궐을 파괴한 것은 우리의 민족정신과 문화유산을 깡그리
없애기 위한 일본의 속셈이었답니다.

★**문화유산** 다음 세대에게 물려줄 가치가 있는 각종 문화재나 문화 양식 등을 말해요.

전국에서 일어난 만세 운동

방방곡곡에 울려 퍼진 만세 소리

제1차 세계 대전이 끝난 뒤 열린 회의에서 미국의 윌슨 대통령은 "자기 민족의
일은 자기 민족 스스로 결정할 권리가 있으며, 다른 나라나 민족의 간섭을
받을 수 없다."라는 내용을 포함하여 평화를 위한 여러 가지 원칙을 제안했어요.
이것은 당시 전쟁에서 패한 나라의 지배를 받던 국가들을 향한 내용이었는데,
우리나라와 다른 식민지 국가들에게 독립에 대한 희망을 심어 주었어요.
일본에 있는 우리 유학생들도 이것에 영향을 받아 독립 선언을 발표했지요.
그사이 고종이 세상을 떠났어요. 그런데 그 이유가 일본이 고종의 음료수에 독을
탔기 때문이라는 소문이 떠돌자 백성들의 마음이 요동치기 시작했어요. 결국
고종의 장례식을 이틀 앞둔 1919년 3월 1일에 종로의 태화관이라는 음식점에서
기독교, 불교, 천도교 등의 종교 지도자들이 모여 독립 선언서를 발표했어요.
그리고 스스로 일본 헌병에 연락해 잡혀갔지요.

★**제1차 세계 대전** 1914년부터 4년 동안 유럽을 중심으로 벌어진 식민지 전쟁이에요.
★**천도교** 종교로서의 역할과 체계를 더 단단히 다진 '동학'의 새 이름이에요.

종로 태화관에 모인
민족 대표들이에요.

그 시각 종로의 탑골 공원에도 수많은 학생과 시민이 모여 있었어요.
학생 대표가 나와 독립 선언서를 읽자, 그곳에 모인 수많은 사람들이
"대한 독립 만세!"를 외치며 거리로 나갔어요. 이날 시작된 만세 운동을
'3·1 운동'이라고 해요. 거리는 만세 소리로 가득했고 태극기 물결이
넘실댔어요. 서울에서 시작된 만세 운동은 전국으로 퍼져 무려 1년 동안
계속됐고, 만주와 연해주, 미국 등 해외에 사는 우리 동포들도 만세 운동을
벌였답니다.

감옥에 갇혀서도 만세를 부른 유관순

1919년 4월 1일, 천안의 아우내 장터에 사람들이 하나둘씩 모여들기 시작했어요. 3,000명이 넘는 사람들 속에는 이화 학당에 다니는 유관순과 그녀의 부모님도 있었어요. 잠시 후 모여 있던 사람들은 품에서 태극기를 꺼내 들고 "대한 독립 만세!"를 외쳤어요.

일본 헌병들이 몰려와 그들을 향해 총칼을 들이댔어요. 유관순의 부모님을 비롯한 수십 명이 죽거나 다쳤으며 유관순은 일본 헌병에 붙잡히고 말았지요.

그녀는 감옥 안에서도 "독립 만세!"를 외치다가 심한 고문을 당해 열아홉 꽃다운 나이에 세상을 떠났답니다.

전국으로 퍼진 만세 운동과 일본의 탄압

이처럼 전국 곳곳에서 학생, 지식인, 농민, 상인, 노인, 여성, 아이 할 것 없이
많은 사람이 만세 운동에 참여했어요. 일본 헌병은 이들을 그 자리에서
죽이거나 감옥으로 끌고 갔어요. 또한 한 마을에서는 사람들을 교회에 가둔 채
불을 지르기도 했지요. 만세 운동은 일본의 거센 탄압에 점점 사그라졌어요.
하지만 우리의 독립 의지를 전 세계에 알리는 계기가 되었고,
우리 민족에게 스스로 독립을 이룰 수 있다는 자신감도
심어 주었답니다.

상하이에 세워진 대한민국 임시 정부

전국에서 온 민족이 참여한 3·1 운동이 일어났지만 이 운동을 이끌 중심이

없었어요. 독립운동 지도자들은 독립을 하려면 중심이 될 하나의 정부가

필요하다고 느꼈어요. 그래서 중국 상하이에 있던 임시 정부를 중심으로

여러 곳에 있던 임시 정부의 힘을 모았지요.

임시 정부는 나라의 이름을 '대한민국'이라고 하고, "국민이 나라의 주인이며,

모든 국민은 평등하다."라고 밝혔어요. 그리고 비밀 연락망을 만들어 독립을

위해 여러 가지 활동을 펼쳤어요.

★**임시 정부** 정부로서 기능은 하지만, 국제 사회에서 정식으로 인정받지 못하는 정부예요.

상하이 대한민국 임시 정부 청사

더욱 교묘해진 일본의 탄압

일본은 우리 민족이 힘을 모아 만세 운동을 펼치자 총칼만으로는 다스리기
힘들다는 것을 깨달았어요. 그래서 우리 민족의 불만을 달래고, 다른 나라들의
비난을 피하기 위해 통치 방식을 바꾸기로 했어요.

먼저, 우리 민족에 대한 차별을 줄여 우리나라 사람도 관리로 임명하겠다고
했어요. 또한 신문과 잡지도 자유롭게 펴내게 하고, 교육도 받게 해 준다고
했지요. 하지만 그것은 속임수일 뿐 일본은 이전보다 경찰의 수를 늘려서
더 심하게 감시했어요. 신문과 잡지의 내용을 일일이 살펴 마음에 들지 않는
내용을 없애기도 했고요. 또 친일파를 이용해 우리 민족을 갈라놓기도 했지요.

93

우리 쌀을 빼앗아 간 일본

휴,
우린 먹을 쌀이
한 톨도 없는데.

제1차 세계 대전을 겪으면서

일본의 도시에 공장이 많이 세워졌어요. 농민들은 일자리를 찾아 도시로

몰려들었고 그 바람에 일본의 쌀 생산량이 줄어들었지요. 그러자 일본은

우리나라의 쌀 생산량을 늘려 일본으로 가져가기 위해 새로운 농사법을

실시하는 등 여러 정책을 펼쳤어요. 쌀 생산량이 늘어나자 일본은 늘어난

양보다 더 많은 쌀을 일본으로 가져갔어요.

그로 인해 우리나라에 쌀이 부족해지자 우리 백성들은 만주에서 들여온 조,

수수, 콩 등으로 끼니를 때워야 했어요. 반면 넓은 땅을 가진 지주★들은 땅을

빌려 준 대가로 거두어들인 쌀을 일본에 팔아 큰 이익을 얻었지요.

★지주 땅 주인을 말해요.

나라를 떠나는 사람들

1900년대 초에 우리나라 청년들이 일을 찾아 미국 하와이의 사탕수수
농장으로 건너간 뒤로 계속해서 외국으로 나가는 사람들이 생겨났어요.
일본의 탄압과 수탈[*]로 살기가 어려워지자 그 수가 더 늘어났지요.
사람들은 멕시코나 만주, 연해주 등으로도 떠났으며, 일본으로 건너가
공장에서 일하기도 했어요. 하와이에서 일하던 우리나라 청년들과 결혼하기
위해 미국으로 떠나는 처녀들도 있었고요. 다른 나라로 가서 사는 것이 결코
쉽지는 않았지만 이들에게는 어쩔 수 없는 선택이었지요.

★**수탈** 강제로 빼앗는 것을 뜻해요.

독립운동의 새로운 움직임

독립군의 큰 승리, 봉오동 전투와 청산리 대첩

일본에게 나라를 빼앗긴 뒤 곳곳에서 독립을 위해

힘쓰던 의병들이 일본의 탄압을 피해 만주와

연해주로 건너가 독립군이 되었어요.

그들은 일본과 전쟁을 벌여 나라를 되찾겠다는

각오로 훈련을 하며 힘을 키워 나갔지요.

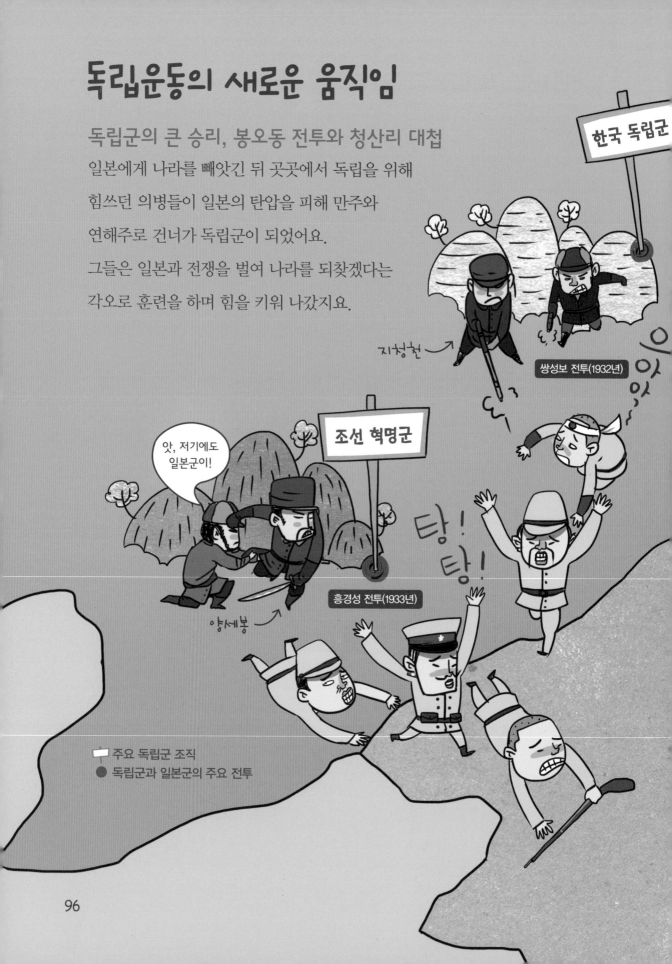

한국 독립군

지청천

쌍성보 전투(1932년)

조선 혁명군

앗, 저기에도 일본군이!

흥경성 전투(1933년)

양세봉

탕! 탕!

으앗~

⬜ 주요 독립군 조직

🔴 독립군과 일본군의 주요 전투

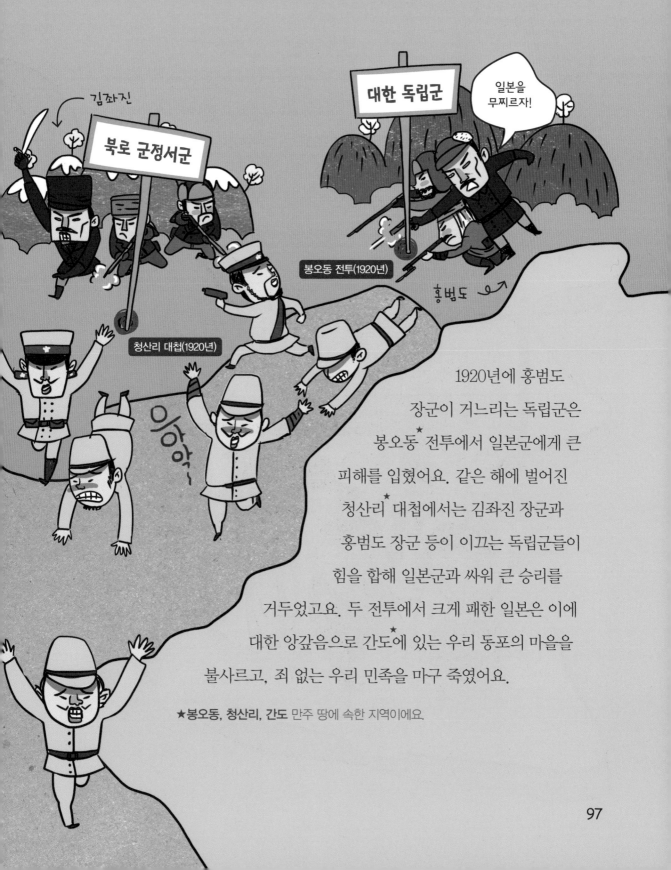

김좌진

북로 군정서군

대한 독립군

일본을
무찌르자!

봉오동 전투(1920년)

홍범도

청산리 대첩(1920년)

으악~

1920년에 홍범도
장군이 거느리는 독립군은
봉오동* 전투에서 일본군에게 큰
피해를 입혔어요. 같은 해에 벌어진
청산리* 대첩에서는 김좌진 장군과
홍범도 장군 등이 이끄는 독립군들이
힘을 합해 일본군과 싸워 큰 승리를
거두었고요. 두 전투에서 크게 패한 일본은 이에
대한 앙갚음으로 간도*에 있는 우리 동포의 마을을
불사르고, 죄 없는 우리 민족을 마구 죽였어요.

★봉오동, 청산리, 간도 만주 땅에 속한 지역이에요.

우리 것을 사용하자! 물산 장려 운동

만세 운동에서 시작된 독립운동은 여러 방향으로 가지를 뻗었어요.
조만식과 같은 민족 지도자들은 외국의 물건이 아닌 우리의 것을 쓰자고
주장했는데, 이것을 '물산 장려 운동'이라고 해요. 우리나라에서 만든
물건을 사서 쓰면 그 물건을 만든 우리 기업이 발전하고, 그러면 결국
우리가 일본에게서 경제적으로 독립할 수 있다고 생각한 것이지요.
학생, 청년, 부녀자 등 모두가 힘을 합해 펼친 이 운동은
전국적으로 퍼져 나갔어요.

우리 힘으로 대학을 세우자!

만세 운동 이후 일본이 우리 민족에 대한 통치 방식을 바꿨다고 했지요?

이들은 이전과 달리 우리나라에도 대학을 세울 수 있도록 했어요.

물론 그것은 자신들이 쥐락펴락할 수 있는 대학을 만들려는 속셈이었지요.

대학을 세울 수 있다는 소식을 들은 이상재, 이승훈 등은 나라의 힘을 키우려면

우리의 힘으로 대학을 세워 인재를 길러야 한다고 생각했어요.

그래서 같은 뜻을 가진 사람들과 함께 모금★ 운동을 벌였지요.

그러자 일본은 이것을 방해하는 한편 서둘러서

'경성 제국 대학'을 세우려고 했어요.

결국 일본의 탄압 때문에 우리 힘으로 대학을

세우려던 계획은 물거품이 되었지요.

그 뒤 일본은 우리 땅에 식민 통치를 위한 인재를

기르는 경성 제국 대학을 세웠답니다.

★**모금** 어떤 목적을 이루기 위해 필요한 돈을 모으는 것이에요.

주보따리 선생님과 조선어 학회

비록 일본에게 나라를 빼앗겼지만, 꾸준히 우리말과 우리글을 가르치고
배우는 것은 무엇보다 중요했어요. 우리의 말과 글에는 우리의 민족정신이
깃들어 있기 때문이에요. 주시경은 우리말과 우리글을 연구하고 많은
학생에게 가르치기 위해 늘 책을 가득 싼 보따리를 들고 바삐 뛰어다녔어요.
그래서 '주보따리'라는 별명을 얻었지요. 또 '언문, 암글, 가갸글, 국문' 등 여러
이름으로 불리던 우리글을 처음으로 '한글'이라고 부르기 시작했어요.

★**민족정신** 같은 민족이 지니는 고유한 정신이에요.

100

그 뒤 주시경의 제자들은 '조선어 연구회'라는 단체를 만들어 한글을 연구하고
널리 퍼뜨리는 데 앞장섰어요. 한글이 만들어진 것을 기념하는 날인 '가갸날'도
만들었지요. 이듬해에는 가갸날을 '한글날'이라고 고쳐 불렀고요.
조선어 연구회는 '조선어 학회'로 이름을 바꾸고 〈조선말 큰사전〉의 원고를
쓰는가 하면 〈한글 맞춤법 통일안〉을 발표하는 등 더욱더 활발하게
활동했어요. 그러자 일본은 이들이 비밀 조직을 만들어 일본을
무너뜨리려고 했다면서 이들을 잡아 가두고 조선어 학회도
없애 버렸답니다. 이 모든 것은 우리의 문화와 민족정신을
없애기 위해서였지요.

한글

이제부터는
한글이라고
부릅시다!

한글 만세!

◀〈조선말 큰사전〉
한글 학회(조선어 학회의 현재 이름)가
조선어 연구회 때부터 28년에 걸쳐 만든,
여섯 권의 우리말 사전이에요.

나라 잃은 설움이 담긴 영화, 아리랑

서울의 단성사★를 시작으로 전국 곳곳의 극장에서 영화 '아리랑'이

상영되었어요. 수많은 사람들이 이 영화를 보기 위해 극장으로 몰려들었지요.

영화는 만세 운동을 벌이다가 일본 경찰에게 고문을 당해 정신이 이상해진

청년이 자신의 동생을 괴롭히는 일본의 앞잡이를 죽인 죄로 잡혀간다는

내용이에요. 영화가 끝날 때쯤 영화의 주제가인 '아리랑'이 흘러나오면

사람들은 눈물을 흘리며 노래를 함께 따라 불렀어요. 이따금씩 "독립 만세!"를

외치는 사람도 있었고요.

나라 잃은 슬픔이 잘 표현된 이 영화는 우리 민족에게 큰 감동을 주었을 뿐만

아니라 일본에 맞설 의지를 심어 주었답니다.

★단성사 1907년에 문을 연, 우리나라에서 가장
　　　오래된 극장이에요.

영화 '아리랑'의
포스터예요.

102

죽음을 각오하고
싸우자!
대한 독립 만세!

학생들이 독립운동의 중심이 되었어요

1926년 6월 10일, 대한 제국의 마지막 황제인 순종의 장례식 날에
또 한 번 만세 운동이 일어났어요.

그로부터 3년이 흐른 어느 날, 나주역에서 일본인 남학생이 우리
여학생의 머리채를 잡아당기며 놀려 댔어요. 이 광경을 본 우리
남학생들이 일본인 학생들에게 덤벼들었고, 이내 두 나라
학생들의 싸움으로 번졌지요. 그런데 일본 경찰과 학교는 일본
학생들의 편을 들며 우리나라 학생들에게만 벌을 주었어요.

이 소식이 알려지자 광주 지역의 학생들이 함께 들고일어났어요.
신간회를 비롯한 민족 운동 단체들이 학생들의 시위를 도우면서
시위가 순식간에 전국으로 퍼져 나가 수많은 학생이 일본에 맞서
독립운동을 벌였지요.

★**신간회** 1927년부터 1931년까지 우리나라에서 규모가 가장 컸던 민족 운동 단체예요.
★**시위** 뜻을 전달하기 위해 많은 사람이 모여 주장을 펴는 것을 말해요.

하늘에는 안창남,
땅에는 엄복동

1922년 추운 겨울날, 여의도 공원에 5만여 명의 사람들이 모여 있었어요. 그리고 그 위로 갑자기 비행기 한 대가 날아올랐어요. 바로 청년 비행사 안창남이 조종하는 비행기 '금강호'였어요.

일본 비행 학교의 교수인 안창남은 일본 비행사 자격 시험에서 1등으로 합격한 최고의 실력자였어요. 여러 비행 대회에서 상을 받기도 했고요. 그런 그가 우리나라에서 처음으로 비행을 한다니, 한겨울 추위에도 아랑곳하지 않고 수많은 사람이 몰려든 것이지요.

몇 년 뒤 안창남은 독립운동에 참여하기로 마음먹고 일본을 탈출해 중국으로 건너갔어요. 그리고 그곳의 비행 학교에서 조종사를 길러 내고 독립 단체를 만드는 등 독립운동에 매달렸지요. 그의 바람은 우리나라에 비행 학교를 세워 우리 청년들에게 비행술을 가르치는 것이었어요.

비록 그 꿈을 이루지 못하고 일찍 세상을 떠났지만 식민지의 하늘을 자유롭게 날아다녔던 그를 통해 우리 민족은 독립의 꿈을 키울 수 있었어요.

▲안창남

하늘에 안창남이 있었다면 땅에는 엄복동이 있었어요.
"떴다, 올려 보아라 안창남의 비행기. 달린다, 내려 보아라 엄복동의
자전거."라는 노랫말까지 유행할 정도였지요. 엄복동은 1913년에
자전거 경주 대회인 '전 조선 자전거 경기 대회'에 참가하여
일본 선수들을 물리치고 우승을 차지했어요. 참가하는 대회마다
1등을 거머쥐니 엄복동은 일본에게 눈엣가시였어요. 한 대회에서는
엄복동이 우승할 것이 확실해지자, 일본인 심판이 해가 진다며 갑자기 경기를
멈추는가 하면 어떤 대회에서는 일본 선수가 일부러 떼미는 바람에 엄복동이
큰 부상을 입기도 했지요. 하지만 여러 경기에서 보여 준 그의 뛰어난 활약은
우리 민족에게 또 하나의 자부심과 희망을 심어 주었답니다.

▲엄복동

서울 거리의 변화

서로 다른 모습의 북촌과 남촌

일본에게 나라를 빼앗긴 뒤 살기 힘들어진 농민들이

도시로 몰리면서 서울 거리에도 많은 변화가 생겼어요.

조선 시대부터 중심 거리였던 종로를 비롯한 청계천 북쪽(북촌)에는

주로 우리나라 사람들이 한옥을 짓고 모여 살았어요. 청계천의

남쪽(남촌)인 명동과 충무로 지역에는 일본 사람들이 모여 살았지요.

일본은 종로 대신 명동과 충무로 주변을 중심지로 만들기 위해 그곳에

반듯한 도로를 놓고, 수도와 전기 시설도 갖추었어요. 상점과 백화점,

호텔, 은행 등도 세웠고요. 이것은 모두 우리나라를 더욱 확실히

지배하기 위한 밑바탕이 되었지요.

한편 청계천 주변과 도시 변두리 지역에서는 일거리를 찾아 도시로 온

가난한 사람들이 토막을 짓고 살기도 했어요.

★토막 땅을 파고 위에 짚을 엮어 얹은 뒤 흙을 덮어 만든 집이에요.
'움막집'이라고도 해요.

토막

우리나라 최초의 백화점

명동에 일본의 '미쓰코시 백화점'이 세워졌어요. 대리석으로 지은

이 백화점에는 일하는 사람만 해도 360명이나 되었지요.

이듬해에는 우리나라 상인이 종로에 '화신 백화점'을 세웠어요. 처음 지은

건물에 불이 난 뒤로 엘리베이터와 에스컬레이터 시설을 갖춘 지하 1층,

지상 6층의 규모로 다시 지어졌지요.

화신 백화점은 일본의 지배 아래에서 우리 민족이 세운 최초의 근대식

백화점이에요. 하지만 손님의 대부분이 일본 사람이었으며, 일본 세력과

가까이 지내면서 얻은 성과라는 평가도 받는답니다.

여성과 어린이의 지위가 달라졌어요

자유롭게 사랑하고, 교육받고, 일하는 여성들

조선 시대까지만 해도 신랑과 신부가 결혼식 날 처음으로 얼굴을 보는 경우가 대부분이었어요. 그런데 새로운 문물이 전해지고 사람들의 생각이 바뀌면서 부모가 짝지어 준 상대가 아니라, 자기 마음에 드는 사람과 만나 자유롭게 사랑하고 결혼하는 등의 새로운 연애 풍속이 생겨났지요.

그러다 보니 새로운 생각을 지닌 젊은 세대와 여전히 전통적인 생각을 가지고 있는 부모 세대가 갈등을 빚는 일도 많았어요.

또 이전까지 대부분의 여성들은 교육을 받거나
직업을 가지지 않고 집에서 아이들을 키우며
집안일만 했어요.

그러나 서양 문물이 들어오면서 신식 교육★을 받는
여성들이 생겨났는데, 이들을 '신여성'이라고 불렀지요.

비행사 권기옥, 기자 최은희, 의사 박에스더,
서양화가 나혜석 등을 비롯한 신여성들은 저마다
자신의 분야에서 뜻을 펼쳐 나갔어요.

또 서울 시내에 버스가 다니기 시작하면서 버스에서
요금을 받고 정류장을 안내하는 여자 차장인 '버스걸'이
등장했어요. 버스걸 말고도 백화점 직원인 '데파트걸',

전화 교환수인 '헬로걸', 극장에서 표를 파는 '티켓걸'
등이 있었지요. 그런데 이런 직업여성들의 일자리
환경은 그리 좋지 못했답니다.

★**신식 교육** 근대화된 서구식 교육을 말해요.

존중받는 어린이들과 어린이날

예로부터 어린이는 사회적으로 대접받지 못하는 존재였어요. 특히 일본의 지배 아래 있을 때에는 많은 어린이가 교육을 받기는커녕 공장에 나가 고된 일에 시달려야 했어요. '어린애, 애녀석, 소년, 아동'이라고 불리는 등 처음부터 '어린이'라고 불린 것도 아니었지요. '어린이'라는 말과 어린이를 존중해야 한다는 생각을 널리 퍼뜨린 사람이 방정환이에요.

방정환이 이끈 천도교 소년회는 어린이날★을 만들고 〈어린이〉라는 잡지를 펴내는 등 어린이 운동에 앞장섰어요. 이들의 노력으로 많은 사람이 어린이도 마땅히 존중받아야 하는 대상으로 여기기 시작했답니다.

★**어린이날** 1922년 5월 1일에 처음 만들어 기념하다가 광복 후에는 5월 5일로 바뀌었어요.

가요 열풍이 불었어요!

▲ 윤심덕

축음기[★]가 널리 퍼지면서 1920년대 후반에 레코드판이 크게 유행하기 시작했어요. 그와 더불어 라디오 방송국이 생기면서 우리나라에 가요 열풍이 불었답니다.

찻집의 축음기에서는 가요가 흘러나왔고, 젊은이들은 대낮에도 길거리에서 가요를 부르곤 했지요.

당시 가장 인기를 끌었던 가요는 윤심덕의 '사의 찬미'예요. '다뉴브 강의 잔물결'이라는 루마니아 곡에 노랫말을 붙인 노래이지요.

그런데 그 당시에는 일본의 가요를 따라 하거나 일본 가요의 노랫말을 우리말로 바꾼 가요가 많았어요. 일본이 가요를 일일이 감시하고 간섭하여 노랫말에 우리의 민족정신이 담겨 있거나 당시의 상황을 빗댄 노래들을 못 부르게 했기 때문이지요.

★축음기 소리를 녹음하고 들려주는 장치예요.

광막한 광야를 달리는 인생아

너의 가는 곳 그 어데냐

▶ 축음기

111

한반도를 발판 삼아 전쟁을 한 일본

일본이 중국을 침략했어요

호시탐탐 세력을 넓힐 기회를 노리던 일본은 우리나라에 이어 만주를
침략했어요. 세계 경제가 어려워지면서 일본 경제도 휘청거리자 더 많은
나라를 식민지로 삼기 위해 전쟁을 선택한 것이지요.

그 뒤 1937년에는 중국과 전쟁을 일으켰어요. 바로 '중일 전쟁'이에요.
중국이 끈질기게 일본에 맞선 데다가 일본이 지나치게 세력을 넓히는 게
마음에 들지 않았던 미국과 영국이 나서니, 전쟁은 쉽게 끝나지 않았어요.
그러자 일본은 동남아시아의 나라들로 눈을 돌렸지요.

일본이 일으킨 전쟁 속에서 고통받는 우리 민족

전쟁을 일으킨 일본은 우리의 식량과 지하자원은 물론이고 숟가락, 그릇,

교회의 종까지 쇠붙이란 쇠붙이는 모두 거둬 갔어요. 전쟁에 필요한 무기와

물건들을 만들기 위해서였지요. 그것도 모자라 수많은 청년과 학생,

어린아이까지 무기를 만드는 공장이나 공사장, 전쟁터로 끌고 갔어요.

그리고 일본은 국가를 위해 절약을 해야 한다면서 우리 여성들이 머리를

기르거나 파마를 하는 것을 막고, 화장도 할 수 없게 했어요. '몸뻬'라고 불리는

일본 바지를 입지 않으면 전차나 버스도 타지 못하게 했지요. 여성들의 고통은

그뿐만이 아니었어요. 심지어 젊은 여성들을 강제로 데려가 일본군의 성적

노리갯감으로 삼았지요. 그 여성들을 '일본군 위안부'라고 해요.

★**몸뻬** 여자들이 일할 때 입는 바지로, 일을 최대한 빠르고 효율적으로 할 수 있도록
　　　통이 넓고 발목을 묶는 형태예요.

일본은 우리나라를 빼앗은 직후부터 우리 민족을 일본에
충성하는 백성으로 만들기 위해 서울 남산에 신궁을, 전국
곳곳에 신사*를 세워 절을 하게 했어요. 심지어 일본 국왕이
사는 쪽을 향해서도 절을 하게 했지요. 이것은 일본과 일본
국왕에게 충성을 맹세한다는 의미였어요. 따라서 절을
하지 않는 사람은 벌을 받았지요. 중일 전쟁 이후 일본은
"일본과 조선은 하나!"라고 말하면서 우리 민족을
완전히 일본인으로 만들기 위한 정책을
더 적극적으로 펼쳤어요.

피와 살과 뼈까지
일본인이
되어야 해!

친일파가 된
소설가 이광수

★신궁, 신사 일본 왕실의 조상신을 모셔 놓고 제사를 지내는 곳이 신사.
　　　　　신사 중에서 가장 으뜸인 곳이 신궁이에요.

학교에서는 우리 학생들에게 일본어와 일본 역사를 가르치고, 매일 "우리는 황국 신민입니다!"로 시작하는 맹세를 외우게 했어요. 또한 학교에서 우리말을 하거나 한글을 썼다가는 큰 벌을 받았지요. 그것도 모자라 원래의 이름 대신 일본식 성과 이름으로 바꿔야 했는데, 바꾸지 않으면 학교에도 갈 수 없었어요.

이것은 모두 일본이 우리의 민족정신을 없애기 위해 저지른 일이었어요. 그러자 절대 일본 국왕에게 절을 하거나 일본식 이름으로 바꿀 수 없다며 스스로 목숨을 끊는 사람들도 생겨났어요. 반면에 일본의 편에 서는 것이 우리 민족에게 도움이 된다고 생각하는 사람들도 있었지요.

★**황국 신민** 일본 국왕이 다스리는 나라의 국민이라는 뜻이에요.

115

탄압 속에서도 멈추지 않는 저항

일본 국왕을 없애려고 수류탄을 던진 이봉창

일본 국왕이 군대를 돌아본 뒤 마차를 타고 궁으로 돌아가던
길이었어요. 그것을 지켜보던 이봉창이 주머니에 손을 넣자
차갑고 묵직한 게 만져졌어요. 수류탄[★]이었어요. 이봉창이
한 마차를 향해 수류탄을 힘껏 던지자 요란한 폭발음과 함께 마차가
뒤집어졌어요. 하지만 그것은 일본인 대신이 탄 마차였어요. 일본 국왕이
탄 마차는 앞서 지나가 버린 뒤였지요. 이봉창은 그 자리에서 태극기를
꺼내 "대한 독립 만세!"를 외치다가 일본 경찰에게 체포되어 사형을
당했답니다. 비록 그의 계획은 실패했지만 일본과 전 세계 사람들을
깜짝 놀라게 했어요.

★**수류탄** 손으로 던져 터뜨리는 작은 폭탄이에요.

콰!

으악, 이게
무슨 일이야!

일본군 대장을 없애려고 폭탄을 던진 윤봉길

윤봉길은 일본군 대장을 없애기 위한 준비를 모두 마쳤어요.

그가 홍커우 공원에 도착했을 때 공원에는 일본 관리들을 비롯한

많은 사람이 모여 있었어요. 일본 국왕의 생일을 맞아 일본군의

상하이 점령을 기념하는 행사가 열릴 예정이었거든요.

윤봉길은 품에 숨겨 놓았던 폭탄을 꺼내 던졌어요. 폭탄이 터지는

소리와 함께 일본군 대장을 비롯해 많은 일본 관리가 다치거나

그 자리에서 죽었지요.

윤봉길은 체포되어 결국 사형을 당했지만, 그의 행동에

감동받은 중국은 그 뒤로 대한민국 임시 정부의

독립운동을 도왔답니다.

시를 쓰고 역사를 연구했어요

나라 잃은 슬픔과 독립을 바라는 마음을 시로 노래한 시인들이 있어요.
윤동주, 한용운 등이에요.

윤동주는 '서시', '오줌싸개 지도' 등의 시를 남겼어요. '오줌싸개 지도'는 일제
강점기에 가족을 먹여 살리기 위해 만주로 돈을 벌러 간 아버지를 그리워하는
어린 형제의 슬픔을 엿볼 수 있는 시랍니다.

또 한용운은 '님의 침묵'이라는 시에서 일본에 나라를 빼앗긴 상황을
"사랑하는 님이 갔다."라고 빗대어 표현했지요.

오줌싸개 지도

빨랫줄에 걸어 논
요에다 그린 지도
지난밤에 내 동생
오줌 싸 그린 지도
꿈에 가 본 엄마 계신
별나라 지돈가?
돈 벌러 간 아빠 계신
만주 땅 지돈가?

아버지,
건강히
잘 지내시죠?

한편 일본이 우리의 정신을 억누를수록 역사학자들은 우리 역사를 연구해
우리의 민족정신을 지키고 독립에 대한 의지를 심어 주려고
했어요. 그중 박은식은 일본이 우리나라를 침략한 과정과
이에 맞선 독립운동가, 애국지사★에 관한 책을 썼어요.
정인보는 빼앗긴 우리말과 글, 역사 그리고 우리의
문화를 다시 살리고 발전시켜야 한다고 주장했지요.

★**애국지사** 나라를 위해 자신의 몸과 마음을 다 바치는 사람이에요.

일장기를 부끄러워한 우리 선수들

베를린 올림픽의 마라톤 경기가 끝난 뒤 우리나라 청년 두 명이 시상대에 올랐어요. 1등을 차지한 손기정 선수와 3등을 차지한 남승룡 선수였지요. 그런데 시상대에 올라선 그들의 얼굴은 슬픔으로 가득했어요. 가슴에 태극기가 아닌 일장기가 붙어 있었기 때문이에요. 손기정은 우승 선물로 받은 화분으로 자신의 가슴에 달린 일장기를 가렸어요. 〈동아일보〉와 〈조선중앙일보〉는 마라톤 소식을 신문에 내보내면서 손기정의 가슴에서 일장기를 지운 사진을 실었답니다.

★일장기 일본의 국기예요.

태평양 전쟁을 일으킨 일본

일본이 중국과 전쟁을 하면서
동남아시아에까지 눈을 돌리자,
미국은 일본에 석유를 수출하지 않는 등의
방법을 써서 경제적인 피해를 입혔어요.
그러자 일본은 1941년에 미국 하와이의
진주만을 공격했어요. '태평양 전쟁'이
일어난 거예요. 미국은 연합군*을 이루어
일본과 전쟁을 치렀지요.
밀고 밀리는 전쟁이 한창이던 1945년에 미국은 일본
히로시마와 나가사키에 원자 폭탄을 떨어뜨렸어요.
결국 큰 피해를 입은 일본이 연합군에 항복을 함으로써
태평양 전쟁이 끝났어요.

★**연합군** 전쟁에서 두 나라 이상이 힘을 합해 이룬 군대로,
　　　태평양 전쟁에서는 미국, 영국, 중국이 힘을 합했어요.

121

역사 놀이터

1919년 3월 1일, 일본의 지배를 받던 우리 민족이 태극기를 휘날리며 만세 운동을 벌였어요. 3·1운동 장면 속에 숨겨진 그림 다섯 개를 찾아서 ◯ 해 보세요.

(숨은 그림 : 잠자리, 가위, 망치, 야구공, 빨래집게)

123

광복을 맞이한 우리 민족은 자유롭고 행복하게 살 꿈에 부풀었지만

그 바람은 얼마 못 가 깨져 버렸어요.

한민족이 남과 북으로 나뉘더니 전쟁이 일어나고 말았거든요.

그 뒤 서로 다른 두 정부가 들어선 남과 북은 완전히 다른 길을 걷게 되었어요.

그리고 잿더미로 변한 나라를 다시 세우기 위해 남북한은 각자 열심히 노력을

기울였지요.

지금부터 **광복과 분단 이후 남북한이 어떻게 변화하고**

발전해 왔는지 함께 알아보아요.

드디어 광복을 맞이했어요

1945년 8월 15일, 라디오 방송을 듣기 위해 사람들이 귀를 쫑긋 세우고 있었어요. 잠시 후 라디오에서 일본 국왕의 떨리는 목소리가 들려왔어요. 일본이 연합군에 무조건 항복한다는 내용이었지요.

마침내 우리나라는 35년 만에 광복을 맞이했어요. 사람들은 꿈에 그리던 광복의 기쁨을 맛보기 위해 "대한 독립 만세!"를 외치며 거리거리로 뛰쳐나왔어요.

★광복 다른 나라의 지배에서 벗어나 주권을 되찾는 것을 말해요.

대일본 제국은 연합군에 무조건 항복한다….

만세

126

광복 이후 우리 민족을 지배하던 일본인들은 떠나고, 외국에 나가 있던
우리나라 사람들은 되돌아왔어요.
당시 대한민국 임시 정부의 주석★이었던 김구는 우리나라가 우리만의 힘으로
광복을 맞이하지 못한 것에 대해 무척 안타까워했어요. 9월에 한국광복군이
우리나라에 머물고 있는 일본군을 공격하기로 이미 계획을 세워 뒀었거든요.
하지만 우리나라가 광복을 맞이할 수 있었던 게 단순히 일본이 연합군에
항복했기 때문만은 아니에요. 그동안 우리 민족이 여러 방법으로 독립운동을
펼치며 일본에 맞서 싸운 결과이기도 하답니다.

★**주석** 일부 나라에서 가장 높은 자리, 또는 그 자리에 있는 사람을 뜻하는 말이에요.

불안한 한반도

남에는 미군, 북에는 소련군

광복을 맞이했지만 한반도의 상황은 여전히
불안했어요. 미국과 소련이 38도선을 기준으로
한반도를 남과 북으로 나누더니 미국은 남쪽
땅에, 소련은 북쪽 땅에 군사 정부를 세우고
우리 민족을 다스리기 시작했거든요.

나라 안팎에서 독립을 위해 힘쓰던 민족
지도자들은 '조선 건국 준비 위원회'를 꾸린 뒤
새 나라를 세우기 위해 바쁘게 움직였어요.
하지만 우리 민족의 독립에는 별 관심이
없었던 미국은 대한민국 임시 정부를 비롯한
여러 단체와 조선 건국 준비 위원회를
인정하지 않았어요. 태평양으로 나가는 길목에
자리 잡은 한반도를 자신들의 세력 안에 두고
이익을 얻으려는 생각이 컸어요.

★**소련** 열다섯 개의 나라로 이루어진 최초의 사회주의
　　국가예요. 1991년에 여러 나라로 갈라졌어요.
★**군사 정부** 힘을 이용해 강제로 권력을 쥔 군인들이
　　다스리는 정부예요.

자, 이제부터 대한민국에 관한 회의를 시작하겠습니다.

콰! 콰! 콰!

우리나라에 간섭하는 강대국

1945년 12월, 소련의 모스크바에서 미국, 영국, 소련 세 나라의 외무 장관★들이 모여 우리나라에 관한 회의를 했어요.

〈동아일보〉는 회의 결과가 발표되기도 전에 '소련은 신탁 통치★ 실시 주장, 미국은 즉시 독립 주장'이라는 기사를 내보냈어요. 그러자 많은 사람이 신탁 통치를 반대하는 운동을 벌였지요. 하지만 그것은 잘못된 기사였어요. 오히려 그동안 신탁 통치를 제안한 것은 미국이었고, 소련은 우리나라에 임시 정부를 세우자고 했었거든요. 그리고 실제 회의에서는 먼저 임시 정부를 세운 뒤에 미국, 영국, 소련, 중국 네 나라가 임시 정부와 의논하여 5년 동안 신탁 통치를 실시하자고 합의한 상태였지요.

이 소식이 알려지자 스스로 우리나라를 꾸려 갈 계획을 세웠던 사람들이 신탁 통치를 반대하고 나섰지만, 찬성하는 사람들도 있었답니다.

★**외무 장관** 한 나라에서 외교에 관한 일을 맡아보는 부서의 우두머리예요.
★**신탁 통치** 아직 스스로 나라를 다스릴 힘이 없다고 판단되는 나라를 강대국이 일정 기간 동안 대신 다스리는 것이에요.

점점 사이가 벌어지는 남한과 북한

분단만은 안 돼!

신탁 통치에 대한 의견이 찬성과 반대로 나뉘면서 나라 안이 혼란스러웠어요.

결국 유엔(UN)★은 남북한 총선거★를 실시해 한반도에 하나의 정부를 세우기로

결정했어요. 그리고 그 과정을 돕기 위해 유엔 한국 임시 위원단을 꾸려

우리나라에 보냈지요.

★유엔(UN) 국제 사회의 평화와 안전을 지키기 위해 세운 국제 평화 기구로,
'국제 연합'이라고도 해요.
★총선거 국회 의원 전부를 한꺼번에 뽑는 선거예요.

하지만 소련과 북한은 이 결정에 반대하며 유엔 한국 임시 위원단이 북쪽에 오지 못하도록 막았어요. 당시 유엔은 미국의 영향을 많이 받고 있었거든요. 결국 유엔은 남한에서만 총선거를 하기로 결정했지요. 이승만과 그의 지지자들은 그 결정에 찬성했어요.

하지만 김구를 중심으로 한 사람들은 북한과 의논하여 하나의 정부를 세우자고 강하게 주장했어요. 제주도에서는 남한만의 선거에 반대하는 운동이 벌어지기도 했지요. 남한에서만 선거를 하면 한반도가 영영 남과 북으로 갈릴 거라고 생각한 거예요.

김구는 38도선을 넘어 북한으로 건너가 김일성을 비롯한 북한의 정치가들과 하나의 정부를 세우기 위한 몇 가지 사항을 합의하고 돌아왔어요. 이러한 노력을 기울였지만 결국 남한에서만 총선거가 이루어졌어요.

남북한의 서로 다른 정부

남한에서만 실시된 총선거에서 국민의 대표인 국회 의원들이 뽑혔어요.
이들은 헌법을 만들어 발표했는데, 이것을 기념하는 날이 바로 7월 17일
'제헌절'이에요.

"대한민국은 민주주의 국가이며, 나라의 주인인 국민이 모든 권력을
지닌다."라는 것이 헌법에서 가장 기본이자 중요한 내용이지요.

국회에서는 이승만을 대한민국의 제1대 대통령으로 뽑고, 1948년 8월 15일에
대한민국 정부가 세워졌음을 널리 알렸어요.

★**헌법** 한 나라의 최고 법이에요.

그리고 약 한 달 뒤 북한에는 김일성을 중심으로 사회주의 체제를 받아들인

조선 민주주의 인민 공화국 정부가 세워졌지요.

이렇게 남과 북에 서로 성격이 다른 두 정부가 각각 들어섰고, 한반도는 남과

북으로 완전히 나뉘었어요.

★**사회주의** 모든 경제 활동을 국가가 계획하고 결정하며, 개인의 재산을 인정하지 않는 국가 형태예요.
당시 소련, 중국, 북한 등이 사회주의 국가였어요.

한민족 간의 전쟁, 그리고 상처

6·25 전쟁이 일어났어요

1950년 6월 25일 일요일 새벽, 38도선 주변이 갑작스러운 총소리와
폭발음으로 분주해졌어요. 북한군이 38도선을 넘어 공격해 온 거예요.
같은 사회주의 국가인 소련과 중국이 돕겠다고 하자, 힘을 얻은 북한이
남한을 차지하여 통일을 이루기 위해 6·25 전쟁을 일으킨 것이었지요.
탱크를 앞세운 북한군은 물밀 듯이 남쪽으로 내려왔어요.
　　라디오에서는 "우리는 3일 안에 평양을 점령할 수
　　있습니다. 국민 여러분, 안심하십시오!"라는 이승만
　　대통령의 목소리가 흘러나왔어요. 하지만 그것은
　　녹음된 것일 뿐, 그는 이미 서울을 빠져나간 뒤였지요.

서울 시민들은 북한군이 서울로 들어오기 시작하자 그제야 한강 다리를
건너 남쪽으로 피란을 가기 시작했어요. 그런데 갑자기 큰 소리와 함께
다리가 무너졌어요. 남쪽으로 내려오는 북한군을 막기 위해 국군이 한강
다리를 폭파한 거예요. 다리 위에 있던 많은 사람이 강으로 떨어졌고,
아직 남쪽으로 피란하지 못한 사람들은 오도 가도 못하게 되었지요.
전쟁이 시작된 지 얼마 되지 않아 미국을 중심으로 하는 유엔군이 남한에
도착했지만 거세게 밀고 내려오는 북한군을 막지는 못했어요. 결국 전쟁이
시작된 지 두 달 만에 북한군은 낙동강 남쪽만을 남기고 남한 지역을 모두
차지해 버렸어요. 우리 정부는 부산을 임시 수도로 삼고
유엔군과 함께 북한군에 맞서 치열하게 싸웠어요.

★**피란** 전쟁을 피해 다른 곳으로 옮겨 가는 것이에요.
★**유엔군** 유엔에 가입한 나라들의 군인들로 이루어진 군대예요.

인천 상륙 작전으로 서울을 되찾았어요

북한이 계속해서 공격하고 남한은 겨우 버티는 가운데 상황을 뒤집는 일이

벌어졌어요. 맥아더를 총사령관으로 하는 유엔군이 한반도 허리 부분을

공격하는 인천 상륙 작전을 펼쳐 성공한 거예요.

북한군은 이에 맞서 싸웠지만 국군과 유엔군은 곳곳에서 승리를 거두었어요.

상륙 작전 이전에 이미 북한군은 국군과 유엔군의 계속된 폭격으로 피해가

쌓여 힘이 빠진 상황이었거든요.

1950년 9월 28일, 남한은 마침내 서울을 되찾았어요. 그리고 그 기세를 몰아

국군과 유엔군은 38도선을 넘어 북쪽으로 치고 올라갔어요.

국군과 유엔군이 다시 후퇴했어요

마침내 국군과 유엔군이 평양까지 차지하자, 이승만이 평양에서 연설을
했어요. 통일이 눈앞에 왔음을 알린 거예요. 그 뒤로 국군과 유엔군은 북한
지역의 대부분을 점령하며 압록강까지 올라갔어요. 그러자 북한을 돕기로
했던 중국이 위협을 느꼈지요.

결국 중국군이 요란한 꽹과리 소리와 함께 압록강을 넘어 밀고 내려오자
국군과 유엔군은 다시 남쪽으로 물러날 수밖에 없었어요.

피란민 어린이들의 천막 학교

전쟁 기간 동안 피란을 가서도 아이들은 공부를 하기 위해 학교에 모여들었어요. 대부분이 천막을 쳐 놓은 임시 학교였는데, 천막조차 없이 전봇대에 칠판만 걸어 둔 곳도 있었어요. 지붕이 없으니 비라도 내리는 날엔 수업을 할 수 없었지요. 책상도 없었지만 아이들은 눈을 동그랗게 뜨고 선생님의 수업을 열심히 들었어요.

그래도 학교에 다니는 아이들은 그나마 행복한 편이었어요. 전쟁 중에 부모를 잃은 아이들은 학교에 가기는커녕 몰려다니며 먹을 것을 구해야 했으니까요. 배고픔을 달래기 위해 미군을 따라다니며 "기브 미 초콜릿(초콜릿 주세요)!"을 외치기도 했지요.

휴전 협정을 맺었어요

중국이 전쟁에 참여한 뒤로 남과 북은 서울을 뺏고 뺏기는 등 38도선 부근에서 지루한 전쟁을 계속했어요. 전쟁의 끝이 보이지 않자 소련이 전쟁을 잠시 멈추자고 제안했어요. 미국과 중국 역시 휴전★을 바랐고요. 휴전을 위한 협상이 진행되었지만 전쟁 포로를 어떻게 할 것인가 하는 문제 등에 의견이 모아지지 않았어요. 결국 협상이 시작된 지 2년이 지난 1953년 7월 27일에 휴전 협정이 이루어졌지요.

그런데 휴전 협정에 남한의 대표자는 참석하지 않았어요. 이 기회에 한반도를 통일하고 싶었던 이승만이 휴전 협정을 반대했기 때문이지요.

휴전 협정과 함께 전쟁은 멈추었지만 휴전선이 놓이고 남과 북은 하나가 되지 못했어요.

★휴전 전쟁을 얼마 동안 멈추는 것으로, 전쟁이 끝난 것은 아니에요.

139

전쟁이 남긴 상처들

한민족 간에 서로 총부리를 겨누고 싸운 전쟁은 엄청난 피해를 남겼어요. 폭격으로 집과 공장, 도로와 다리, 철도 등이 부서지거나 불에 타 잿더미가 되었지요. 아무 죄가 없는 수많은 국민, 그리고 전쟁에 참여한 군인과 외국인들이 다치거나 목숨을 잃었고요. 또 피란길에서 가족이 남과 북으로, 이 지역 저 지역으로 뿔뿔이 헤어졌으며, 많은 아이가 부모를 잃고 오갈 곳이 없어졌어요.

그런데 무엇보다도 가장 큰 상처는 남과 북의 사람들이 서로를 미워하게 되었고, 같은 남한 사람과 북한 사람들끼리도 서로를 믿지 못하게 됐다는 거예요. 전쟁 중에 사람들은 살아남기 위해 어떤 때는 북한의 편을, 또 어떤 때는 남한의 편을 들어야 했거든요.

전쟁 이후의 노력

남한보다 전쟁의 피해가 더욱 컸던
북한은 중국과 소련의 도움을 받으며
나라를 일으키기 위해 노력했어요.
특히 기계, 조선★ 등의 공업 발달에
힘을 쏟았지요.
김일성은 반대파를 없애며 자신의
힘을 더욱 강하게 만들었고요.

★**조선** 배를 설계하고 만드는 것이에요.

휴전 이후 남한은 미국과 조약을 맺었어요.
그 뒤 미국 군대가 남한에 와서 머물기
시작했고, 남한은 미국으로부터
경제적인 도움도 받게 되었어요.
그 결과 면직물, 밀가루, 설탕
등을 생산하는 공업이
발달했지요.

밀가루

밀가루 밀가루 밀가루

4·19 혁명이 일어났어요

남북한이 전쟁 중일 때 이승만은 헌법을 두 번이나 고쳐서 무려 12년 동안
대통령 자리에 있으면서 독재[★] 정치를 했어요. 그런데 1960년, 제4대 대통령
선거에서도 이승만의 당선이 확실했어요. 상대 대통령 후보가 갑작스럽게
세상을 떠났거든요.
이승만은 자신의 독재 정권을 유지하기 위해 자신과 같은 당에 속한 이기붕을
부통령 자리에 앉히기로 마음먹었어요. 그래서 투표함을 바꿔치기하고,
자신과 이기붕을 찍은 투표용지를 몰래 투표함에 더 넣고, 사람들이
자신들에게 투표하도록 감시하는 등 부정 선거[★]를 저질렀지요.

★**독재** 어떤 사람이나 집단이 모든 권력을 쥐고 마음대로 지배하는 것을 말해요.
★**부정 선거** 옳지 못한 수단과 방법으로 치러진 선거예요.

142

그러자 여기저기에서 부정 선거에 항의하는 시위가 벌어졌어요. 그러던 어느
날, 시위 중에 최루탄에 맞아 죽은 학생의 시신이 마산 앞바다에 떠올랐지요.
더욱더 분노한 학생들과 시민들은 4월 19일에 서울과 광주, 부산 등 전국
곳곳에서 "부정 선거 다시 하라! 이승만 정권 물러가라!"라고 외치며 시위를
벌였어요. '4·19 혁명'이 일어난 거예요.
정부는 이들에게 최루탄과 총을 쏘아 댔어요. 수많은 사람이 쓰러졌지만
시위를 멈추지 않았어요. 심지어 어린아이들도 "부모와 형제들에게 총부리를
겨누지 마라!"라고 외치며 시위에 참여했지요.
결국 국민들의 간절한 소망대로 이승만이 대통령 자리에서 물러났어요.

★**최루탄** 눈을 자극해 눈물을 흘리게 하는 물질을 넣은 탄알이에요.
★**혁명** 한 나라나 정부, 사회 제도 등을 단번에 깨뜨려 뿌리부터 변화시키려는 움직임이에요.

군사 정권이 들어섰어요

군사 정변이 일어났어요

이승만이 물러나고 새로운 정부가 들어섰지만 나라 안은 여전히

혼란스러웠어요. 국민이 모든 결정의 중심이 되는 민주주의 국가를 바라는

국민들의 마음은 더욱 커져 갔지요.

그러던 1961년 5월 16일, 군인이었던 박정희가 혼란을 안정시켜야 한다며

군대를 이끌고 서울을 점령했어요. 이를 '5·16 군사 정변'이라고 해요.

무력으로 권력을 잡은 박정희는 1963년에 대통령이 된 뒤 17년 동안이나

독재 정치를 하며 대통령 자리에 있었어요.

★**무력** 군사상의 힘을 뜻해요.

144

반공 교육을 했어요

박정희 정부는 공산주의를 반대하며 '반공 교육'을 실시했어요. 그에 따라
학교에서는 반공 포스터 그리기, 반공을 주제로 한 웅변 및 글짓기 대회 등을
열었으며, 교실도 반공을 내용으로 한 그림과 표어★ 등으로 꾸몄어요.

또 평소에 여자아이들은
'승리의 노래'라는 군가★에
맞춰 고무줄놀이를 했고,
남자아이들은 나무로 총을
만들어 전쟁놀이를 했지요.
영화관에서는 '똘이 장군'
같은 반공 영화가 상영되었어요.

★표어 주장이나 계획, 규범 등을 간결하게 나타낸 짧은
　　구절이에요.
★군가 군대에서 부르는 노래로, 노랫말은 주로 군대 생활과
　　전투에 관련된 것이에요.

145

경제 발전과 그 뒷모습

박정희 정부는 무엇보다 나라의 경제를 일으키는 것이 중요하다고
생각했어요. 그래서 경제 개발 계획을 세우고 실시했지요.
그 결과 포항 제철을 비롯한 제철소★와 조선소★, 자동차 공장 등 많은 공장이
세워지고 서울과 부산을 연결하는 경부 고속 국도가 놓였어요. 잘사는 농촌을
만들기 위한 새마을 운동도 벌어졌고요.
경제 개발 초기에는 가발, 신발, 섬유 제품 등을 주로 수출하다가 점차 높은
기술력이 필요한 기계, 전자, 자동차 등도 수출하기 시작했어요.

★제철소 높은 온도의 불로 철광석을 녹여 철을 뽑아내는 일을 하는 곳이에요.
★조선소 배를 만들거나 고치는 곳이에요.

146

하지만 산업이 발달하면서 여러 가지 문제가 생겨났어요. 발달된 지역과
그렇지 못한 지역 간의 차이가 심해지고, 사람들이 도시로만 모여들어 도시의
인구가 급격히 늘어났지요.

또한 이렇게 눈에 보이는 성장 뒤에는 어려운 생활에 허덕이는 도시 노동자와
농민의 눈물이 있었어요. 독일로 건너가서 힘들게 일한 광부와 간호사들
그리고 모래바람이 몰아치는 사막 지역에서 일한 노동자들이 벌어 온 외화
또한 성장에 큰 보탬이 되었지요.

★**노동자** 일을 해서 번 돈으로 생활하는 사람이에요.
★**외화** 외국의 돈이에요.

자유가 억눌린 국민들

노동자는 기계가 아니에요!

청계천 평화 시장에서 일하던 노동자들이 시위를 벌이던 때였어요. 갑자기 한 청년이 "노동자는 기계가 아니다!"라고 외치며 자신의 몸을 불살랐어요. 그는 평화 시장에 있는 한 공장에서 일하던 노동자, 전태일이었어요. 당시에는 주로 값싼 물건을 만들어 외국에 수출했어요. 그래서 기업은 노동자들에게 아주 적은 월급을 주면서 공기도 좋지 않은 공장에서 매일 하루에 열네 시간씩, 기계처럼 일을 시켰지요.

전태일은 노동자도 사람답게 대우를 받으며 일해야 한다고 생각해 뜻이 맞는 사람들과 이런저런 노력을 했어요. 하지만 성과가 없자 결국 자신을 희생한 거예요. 전태일이 죽은 뒤 노동자들은 자신들의 권리를 당당히 외치기 시작했답니다.

근로 기준법

일주일에
한 번만이라도
햇빛을
보게 해 달라!

긴 머리와 미니스커트는 안 돼!

밤 열두 시, 사이렌이 울린 뒤 거리에 남아 있던 사람들이

경찰서로 끌려갔어요. 늦은 밤에 돌아다닐 수 없도록

정한 야간 통행금지 때문이었지요.

환한 대낮에 거리에서는 머리를 기른 남자들이

경찰에게 머리카락이 잘리거나, 짧은 치마를 입은

여자들이 경찰서에 잡혀가는 모습을 종종 볼 수 있었어요.

헌법을 고치며 계속 대통령 자리에 있던 박정희는

더 강력한 독재 정치를 위해 1972년에 다시 한 번 헌법을 고쳤어요.

그리고 그 뒤로 대통령의 권한을 높이는 한편 국민의 자유와 권리는 억누르며

치마나 머리 길이, 대중가요의 노랫말까지 단속했지요. 그러자 부산과 마산

지역을 비롯한 곳곳에서 민주화를 위한

시위가 벌어졌어요. 시위를 벌인 학생들을

비롯한 많은 사람이 감옥에 갇히고, 정부를

비판하는 대학교수들이 학교에서 쫓겨났어요.

★민주화 국민이 나라의 주인인 민주주의 국가가 되게 하는
　　　것을 말해요

새로운 시대를 바라는 마음

또다시 군인들이 정권을 잡았어요

박정희가 갑작스레 총에 맞아 죽으면서 박정희의 독재 정부가 막을 내렸어요.

사람들은 다시금 국민이 주인이 되는 나라를 이룰 꿈에 부풀었지요.

그런데 그 희망도 이내 꺾이고 말았어요. 국군 보안 사령관이었던 전두환이

군대를 앞세워 정권을 차지한 거예요. 전국에서 시민과 학생들이 군사

정부가 들어서는 것을 반대하며 민주화를 요구하는 시위를 벌였어요.

그러자 전두환은 군인들에게 곳곳을 지키도록 지시했어요. 심지어 대학

안에도 군인들이 들어와 있었지요. 군인들은 시위에 나선

시민과 학생들을 마구 잡아들였어요.

광주에서 일어난 5·18 민주화 운동

1980년 5월 18일, 광주에서 시민과 학생들이 민주화를 요구하며 시위를
벌였어요. 이것을 '5·18 민주화 운동'이라고 해요. 시위가 일어나자
광주를 에워싼 군인들이 사람들을 향해 총을 쏘아 대기 시작했어요.
군인들의 무자비한 진압에 분노한 시민들이 시민군을 만들어 맞서
싸웠으나 항쟁은 9일 만에 끝났어요.

수천 명이 다쳤고, 200여 명의 시민들이 목숨을 잃었지요. 민주화를
바라는 광주 시민들의 희생은 이후 우리나라의 민주화 운동에 밑거름이
되었어요. 하지만 전두환은 국민 모두가 아닌, 자신을 지지하는 사람들만
투표에 참여하게 해 대통령이 된 뒤 독재 정치를 이어 갔어요.

★항쟁 맞서 싸우는 것을 뜻해요.

대통령을 국민의 손으로!

시민들의 외침, 6월 민주 항쟁

새로운 대통령을 뽑는 선거를 앞두고 전두환은 자신이 대통령으로
뽑힐 때처럼 후보를 한 명만 내세우고 정해진 사람들만 투표를 하는 방식으로
대통령을 뽑겠다고 발표했어요. 군인 출신인 노태우를 대통령 자리에
앉히려고 한 거예요. 그러자 국민들은 국민의 손으로 대통령을 직접 뽑도록
헌법을 고쳐야 한다며 시위를 벌였어요.

그러던 중 신문에 서울대 학생인 박종철이 경찰의 고문으로 죽었다는
기사가 났어요. 학생들이 "종철이를 살려 내라!", "헌법을 고쳐라!"라고
목소리를 높여 날마다 시위를 벌이자 전두환은 시위대를 탄압했어요.
1987년 6월, 시민과 농민까지 학생들에게 힘을 싣자 시위는 전국 곳곳으로
퍼져 나갔어요. 일을 마친 회사원들이 넥타이를 맨 채로 시위에 참여하는가
하면 버스들이 일정한 시간에 맞춰 경적을 울려 댔지요. 온 나라가 민주주의를
바라는 외침으로 가득 찼어요.

이 민주화 운동을 '6월 민주 항쟁'이라고 해요.

결국 전두환 정부는 국민들의 힘에 두 손을 들었어요.

그제야 비로소 국민의 손으로 직접 대통령을 뽑을 수 있게 되었답니다.

153

대통령을 국민의 손으로 직접 뽑았어요

1987년 12월, 드디어 국민의 손으로 직접 대통령을 뽑는 선거가 치러졌어요.

그런데 여러 명의 후보가 대통령 후보로 나서는 바람에 표가 나뉘었어요.

그 결과 전두환의 뒤를 이은 노태우가 대통령으로 뽑혔지요.

군인 출신이 아닌 대통령을 원했던 국민들의 소망이 이루어지지 않은 거예요.

하지만 1992년에 김영삼이 당선되면서 군인이 아닌 일반 국민이 대통령이

되었어요. 그 뒤에도 김대중, 노무현 등이 국민의 투표에 따라 대통령으로

선출되었고요. 모두 국민들의 투쟁과 희생으로 얻어진 결과랍니다.

서울에서 열린 올림픽 대회

1988년에 서울에서 전 세계인의 축제인 올림픽 대회가 열렸어요.

우리나라는 159개 나라가 참가한 이 대회에서 종합 4위의 성적을 거두었지요.

그리고 분단국가라는 상황 속에서 평화와 화합을 이끌어 내며 올림픽 대회를

비교적 성공적으로 치러 대한민국을 전 세계에 널리 알리는 계기가 되었어요.

또 올림픽에 참가한 세계 여러 나라와 활발한 외교 관계도 맺게 되었지요.

★**분단국가** 원래 하나의 나라였으나 전쟁 또는 다른 나라의 지배 때문에
둘 이상으로 갈라진 나라예요.

155

성장하는 경제 속 빛과 어두움

1980년대 중반은 나라의 경제가 안정되어 발전하기 좋은 상황이었어요.
기업들은 점차 외국으로 수출을 늘렸고, 그에 따라 국민들의 소득도
늘어났지요. 도시에 사는 사람들의 생활 모습도 달라졌어요. 집집마다
텔레비전이나 냉장고를 갖추고, 자동차를 가진 사람들도 점차 늘어났지요.
반면 농민들의 어려움은 커져 갔어요. 정부가 미국, 중국 등 다른 나라에서
농산물을 지나치게 많이 수입해 농산물의 가격이 떨어지는 바람에 농민들의
빚이 늘어났거든요.

한편 1960년대에 등장한 아파트는 1970년대에 대표적인 집의 형태로 자리
잡으면서 많은 사람이 살게 되었어요. 이러한 아파트를 더 많이 짓기 위해
정부는 서울의 이곳저곳에서 낡은 집들을 헐기 시작했지요. 서울의 주변에는
분당, 일산 같은 신도시들을 만들었고요.
그런데 도로가 반듯해지고 곳곳에 높은 아파트가 세워지는 등 빠르게 도시가
개발되면서 하루아침에 보금자리를 빼앗기는 사람들이 생겨났어요.
화려하게 변신한 도시의 모습에는 가난한 사람들의 슬픔도 담겨 있답니다.

교복 자율화와 과외 금지

민주화 운동이 거셌던 1980년대에 전두환 정부는 국민들의 마음을
누그러뜨리기 위한 정책을 펼쳤어요. 그중 하나가 교복 자율화예요.★
학생들은 교복 대신 자유로운 옷차림으로 학교에 갔으며, 머리 모양도
마음대로 할 수 있었지요. 그런데 잘사는 집과 형편이 어려운 집 학생들의
옷차림에 차이가 나고, 학교에서 학생들을 지도하기도 쉽지 않자 대부분의
학교에서 다시 교복을 입도록 했어요.

또한 좋은 대학에 가기 위해 너도나도 앞다투어 과외를 받는 바람에 가정마다
과외비에 대한 부담이 커지자 정부는 과외를 금지시켰어요.

그러자 사람들은 단속을 피해 몰래 숨어서 과외를 받기 시작했고, 과외비는
더더욱 비싸졌지요. 결국 1990년대에 들어서면서 정부에서도 더는 공식적으로
과외를 막지 않았답니다.

★**자율화** 규칙에 얽매이지 않고 자기 스스로의 원칙에 따라
　　　행동하는 거예요.

158

처음부터 '초등학교'라고 불렸을까요?

여러분은 지금 초등학교에 다니고 있지요? 그런데 엄마, 아빠에게 한번 초등학교 시절에 대해 여쭤 보세요. 아마 "아빠는 국민학교 때 말이야…." 하고 말을 꺼내실지도 몰라요. 초등학교는 원래 '국민학교'라고 불렸거든요. 국민학교는 일본이 우리나라를 강제로 점령하던 시절, 우리의 소학교를 바꾸어 부르던 이름이에요. '일본 국왕의 국민이 다니는 학교'라는 뜻의 '황국 신민 학교'를 줄인 말이지요.

광복 이후에도 계속 국민학교라고 불리다가 1995년 8월에 광복 50주년을 맞아 우리의 민족정신에 걸맞는 새 이름으로 바꾸기로 결정했어요. 그 뒤로 전국의 국민학교를 초등학교로 바꿔 부르기 시작했답니다.

아, 국민학교가 저런 뜻이었구나….

권력이 대물림되는 북한

6·25 전쟁으로 북한 땅은 잿더미가 되었어요. 하지만 풍부한 지하자원과 국가 중심의 경제 정책, 그리고 소련과 중국의 도움으로 북한은 남한보다 빠르게 경제가 발전했지요. 그 과정에서 김일성은 사회주의 국가를 세우기 위해 무진 애를 썼어요. 또한 독재 정치를 위한 기반을 튼튼히 다지기 위해 자신을 반대하는 세력을 없애고, 아들인 김정일을 자신의 뒤를 이어 북한을 다스릴 후계자로 삼았어요.

절대권력

김정은

김정일

김일성

우린 이렇게
힘든데….

실제로 김일성이 죽자 김정일이
그 뒤를 이었으며, 김정일이
죽은 뒤로는 그의 아들인
김정은이 권력을 이어받았지요.
이처럼 북한은 권력이 대물림되고,
여전히 국가가 경제를 계획하며 개인의
재산을 인정하지 않는 사회주의 체제를 유지하고
있어요. 이렇게 강력한 독재 권력이 이어지다 보니
북한 주민들은 자유와 권리를 제대로 보장받지
못하는 형편이랍니다.

1980년대에 들어 소련 등 주변의 사회주의
국가들이 무너지면서 북한은 세계 여러 나라로부터
고립★되었어요. 1990년대에는 심각한 가뭄과 홍수를
잇따라 겪는 바람에 식량이 부족해졌어요. 게다가 미국이
북한과 다른 나라가 무역하는 것을 막자 경제 상황이
더더욱 나빠졌지요.

다른 나라와 경제적인 교류를 하려는 노력을 하기도
했으나 북한은 여전히 어려운 상황이랍니다.

★**고립** 다른 사람과 어울리거나 도움받지 못하여 외톨이가 되는 것이에요.

161

북한 어린이들의 하루

우리나라와 북한은 교육 과정이 조금 달라요. 우리의 초등학교를 북한에서는 '소학교'라고 부르는데, 소학교에서 4년, 중학교에서 6년을 공부하지요. 우리의 중학교와 고등학교를 합친 것이 바로 북한의 '중학교'예요. 아래 표를 보세요. 우리나라의 초등학교 5학년은 북한의 중학교 1학년에 해당되지요.

	1	2	3	4	5	6	1	2	3	1	2	3	1	2	3	4	5	6
남한	초등학교 (6년)						중학교 (3년)			고등학교 (3년)			대학교 (2~6년)					
북한	소학교 (4년)					중학교 (6년)						대학교 (2~6년)						
	1	2	3	4	1	2	3	4	5	6	1	2	3	4	5	6		

그럼 북한의 소학교 학생들은 하루를 어떻게 보내는지 살펴볼까요?

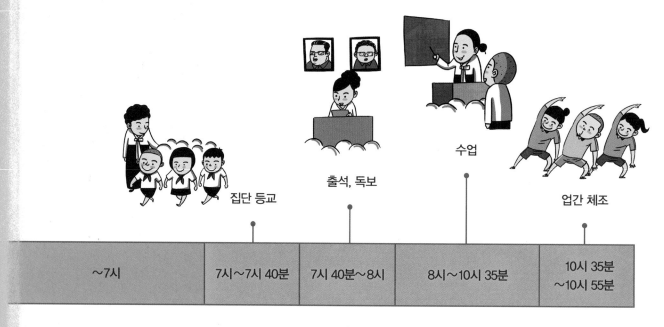

~7시	7시~7시 40분	7시 40분~8시	8시~10시 35분	10시 35분 ~10시 55분
	집단 등교	출석, 독보	수업	업간 체조

지역이나 학교마다 차이는 있지만 보통 소학교에서는 7시 30분쯤 정해진 장소에서
다 같이 모여 학교에 가요. 7시 40분에는 출석을 부르고 '김일성과 김정일의
말씀을 읽는 시간'인 '독보'를 하지요.
본격적인 수업은 8시에 시작돼요. 45분 동안 수업을 한 뒤 쉬는 시간 10분 동안에는
제기차기, 메깡치기(비사치기) 등의 놀이를 즐기거나 화장실에 가요. 3교시가 끝나면
모두 운동장에 모여 15분 동안 체조를 하는데, 이를 '업간 체조'라고 해요.
소학교에서는 급식을 하지 않아요. 그래서 학생들은 보통 집에 가서 점심을 먹고
다시 학교로 오지요.
오후에는 과외 활동을 하는데, 요일마다 하는 활동이 달라요. 오전에 배운 것을
복습하는 날도 있고, '소조 활동'이라는 소모임 활동(특별 활동)을 하는 날도
있어요. 이때에는 주로 체육, 음악, 미술 같은 교육을 받지요.
과외 활동까지 마친 아이들은 모여서 공차기, 무릎싸움(닭싸움), 아바이
놀이(숨바꼭질), 고무줄놀이 등을 하며 논답니다.

북한 어린이들의 하루는 여러분의 하루와 어떤 점이 비슷하고, 어떤 점이 다른가요?

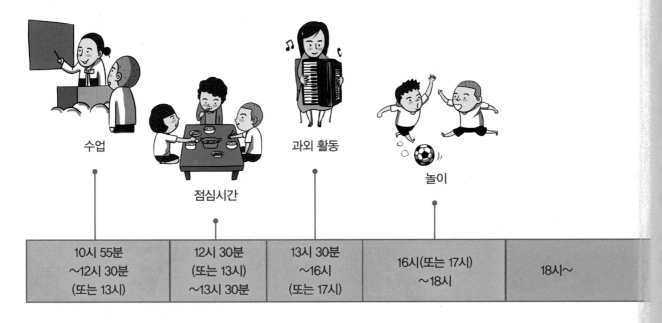

수업	점심시간	과외 활동	놀이	
10시 55분 ~12시 30분 (또는 13시)	12시 30분 (또는 13시) ~13시 30분	13시 30분 ~16시 (또는 17시)	16시(또는 17시) ~18시	18시~

통일을 위한 노력

2007년에 남북 간 철도가 연결되면서 6·25 전쟁 이후 멈춰 있던 철마가 다시
달리기 시작했어요. 북한이 고향인 사람들은 기쁨의 눈물을 흘렸지요.
이렇듯 남북 간 철도가 다시 연결된 것은 1970년대부터 남과 북이 하나가
되기 위해 꾸준히 노력한 덕분이었어요.

★**철마** 쇠로 만든 말이라는 뜻으로, '기차'를 비유적으로 이르는 말이에요.

7·4 남북 공동 성명(1972년)
남북이 자주, 평화, 민족 대단결의 원칙에
따라 통일해야 한다고 발표했어요.

정주영 회장의 북한 방문(1998년)
정주영 회장이 소 1천여 마리를
몰고 북한을 방문했어요.

자주
평화
민족

7·4 남북 공동 성명

남북 기본 합의서 채택(1991년)
남북한 총리가 만나 통일을 위해
어떻게 할 것인지 합의했어요.

금강산 관광 시작(1998년)
남한의 국민들이 북한의 금강산을
관광할 수 있게 되었어요.

합의서

남한은 북한에 식량을 보내 돕는가 하면 남북 교류를 위해 북한의 개성에
남한의 공장을 세우기도 했어요. 또 두 차례에 걸쳐 남북의 정상들이 만나★
회담도 했지요. 탁구나 축구 경기에서 남과 북이 하나의 팀을 이루기도
했고요. 하지만 안타깝게도 남북을 잇던 철도는 1년 만에 다시 끊겼어요.
남북한 정부의 입장에 차이가 있었기 때문이에요. 하지만 지금도 많은 국민이
기차를 타고 북한까지 달릴 수 있는 그날을 기다리고 있답니다.

★**정상** 한 나라의 우두머리를 뜻해요.

제1차 남북 정상 회담(2000년)
김대중 대통령과 김정일 국방 위원장이 만나
통일의 방법과 계획에 대해 논의했어요.

제2차 남북 정상 회담(2007년)
노무현 대통령과 김정일 국방위원장이 만나
남북 관계 발전과 평화를 위한 선언문을
발표했어요.

개성 공단 건설(2004년)
북한의 개성 지역에 남한의 공장을
세우고 물건을 만들기 시작했어요.

위기를 극복한 대한민국

우리나라의 경제는 빠르게 성장해
세계 무역 10위권 안에 들 정도에
이르렀어요. 하지만 1997년, 우리 경제에
위기가 닥쳤어요. 그동안 기업들이 다른
나라에서 무리하게 돈을 빌려 기업의
몸집만 키운 거예요. 정부는 외환을 제대로
관리하지 못해 나라 안에 외환이 부족해졌고요.

돈 갚아요!
돈!

외환이 부족하니 외국에서 빌린 돈을 제때 갚지도 못하고, 물건을 만들 원료를 수입할 수도 없는 등 여러 가지 문제가 생겼지요. 나라의 경제가 휘청거리자 문을 닫는 기업과 공장이 늘어나고 직장에서 쫓겨나는 사람도 많아졌어요. 결국 우리나라는 국제 통화 기금(IMF)★으로부터 부족한 외환을 빌리고, 관리를 받게 되었어요. 기업들은 문어발처럼 벌인 사업을 정리하고, 중심이 되는 사업에만 집중하려고 했어요. 정부는 외국인들이 우리나라에 돈을 투자하도록 열심히 노력했고요. 국민들은 허리띠를 졸라매고 검소하게 생활했고, 금 모으기 운동도 벌였지요.

이러한 노력들 덕분에 우리나라는 2001년에 경제 위기에서 벗어날 수 있었고, 나라의 경제도 되살아나기 시작했어요.

★**외환** 외국과 거래할 때 돈의 역할을 하는 수표나 어음 등을 뜻해요.
★**국제 통화 기금(IMF)** 세계 무역의 안정을 위해 세워진 국제 금융 기구예요.

다 같이 힘을 모으자!

변화하는 사회와 생활 모습

고속 철도가 달리기 시작했어요

우리나라 최초의 철도인 경인선이 놓인 지 100여 년이 지난 2004년, 드디어 우리나라에도 고속 철도(KTX)가 달리기 시작했어요. 고속 철도로 우리 생활에는 많은 변화가 생겼어요. 서울에서 부산까지 두 시간 반 정도면 갈 수 있게 되었지요. 이렇게 짧은 시간 안에 지방과 서울을 오갈 수 있게 되면서 다른 지방에 가서 일을 처리하기가 쉬워졌고, 여행하는 사람도 늘어났어요. 반면 고속 철도가 생긴 뒤 서울과 서울의 주변에 있는 도시들로 사람이 더 많이 모여들기도 했답니다.

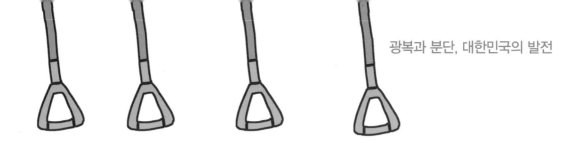

무선 인터넷과 스마트폰

우리의 산업은 하루가 다르게 발전하고 있어요. 특히 우리나라의 정보·통신 기술은 세계적으로도 인정받아요. 통신 산업이 발달해 대부분의 지역에서 무선 인터넷을 자유롭게 사용할 수 있고, 많은 사람이 스마트폰 같은 통신 기기를 손쉽게 이용하지요. 이로 인해 우리 생활에도 많은 변화가 생겼어요. 지구촌 곳곳에서 일어나는 일을 시시각각 접할 수 있을 뿐만 아니라 은행에 가지 않고도 돈을 보내고 받을 수 있어요. 인터넷으로 물건도 살 수 있고요. 또 언제, 어디에서나 영화, 드라마, 스포츠 중계 등을 볼 수도 있지요.

고무줄놀이에서 휴대용 게임기로

1970~80년대에 아이들은 수업을 마친 뒤 동네 놀이터와 골목에 삼삼오오 모여 신 나게 뛰놀았어요. 특별한 장난감이 없어도 술래잡기, 고무줄놀이, 말뚝박기, 딱지치기, 다방구, 공기놀이, 땅따먹기, 구슬치기 등을 하며 마냥 즐거웠지요. 여름이면 냇가에서 미역을 감고, 산으로 들로 다니며 개구리도 잡았어요. 겨울에는 썰매를 타거나, 손이 부르틀 때까지 팽이치기를 했으며, 언덕에 모여 연을 날리기도 했고요. 지칠 줄 모르고 놀던 아이들은 해 질 녘, 얼른 들어오라는 엄마의 목소리를 듣고서야 집으로 돌아가곤 했답니다.

★**미역** 냇물이나 강물, 바닷물에 들어가 몸을 담그고 씻거나 노는 일이에요.

1970~80년대

2000년대

1980~90년대

1980~90년대에는 이러한 놀이뿐만 아니라,
학교 앞 오락실에서 게임을 하거나
롤러스케이트와 스카이 콩콩을 타며 노는
아이들도 많아졌어요. 그런데 2000년대에
접어들면서 학교 운동장이나 놀이터에서 뛰노는 아이들의 웃음소리를 듣기
힘들어졌어요. 대부분의 아이들이 학교가 끝난 뒤 학원에서 많은 시간을
보내기 때문이에요. 또 친구와 함께 어울려 놀기보다는 게임기나 컴퓨터,
스마트폰을 이용해 혼자 시간을 보내는 데 익숙해졌지요.
가상 세계에서 이루어지는 놀이는 아이들의 마음을 병들게 하기도 해요. 함께
어울려 놀아야 양보하는 마음, 협동하는 마음을 자연스럽게 기를 수 있답니다.

★**가상 세계** 실제로 있지 않은 세계를 뜻해요.

171

아이를 낳지 않는 가정이 많아져요

전쟁으로 많은 사람이 목숨을 잃은 1950년대에는 나라에서 아이를 많이 낳기를 권했어요.

그런데 이러한 정책으로 인구가 늘어나자 1960년대에는 "덮어놓고 낳다 보면 거지꼴을 못 면한다."라는 표어가 퍼지기도 했지요.

1970년대에는 성별에 상관없이 둘만 낳아 잘 길러 인구를 줄이자고 했어요.

1980년대에는 그것도 모자라 "둘도 많다. 하나 낳고 알뜰살뜰!"이라며 하나만 낳을 것을 강조했지요.

이러한 정책으로 외동딸, 외동아들이 많았어요.

1990년대에는 남자아이의 비율이 늘어났어요.
하나만 키우려면 집안의 대를 이을 아들이
필요하다는 생각 때문이었지요. 그래서 학교에
여자 짝이 없는 남자아이가 많았다고 해요.
2000년대에 들어서는 점점 아이를 낳지 않으려는
사람이 많아져 사회적인 문제가 되고 있어요.
맞벌이 가정이 늘다 보니 아이를 키우기가 쉽지
않고, 교육비도 많이 들기 때문이지요.
이대로 가다간 가까운 미래에는 나라를 위해 일할
사람이 부족해질 거예요. 그래서 나라에서는
"자녀에게 가장 큰 선물은 동생입니다."라는
표어를 내세우며 아이 낳는 것을 적극적으로
권하고 있어요. 아이를 키우는 데 도움이 되는
혜택도 늘리고 있지요. 하지만 쉽게 해결될
문제는 아니랍니다.

평 등

남녀가 평등한 사회를 만들어요

경제가 발전하고 생활 모습이 달라졌지만 우리 사회에는 '남자가 먼저'라는

조선 시대 유교 전통의 영향이 생활 깊이 뿌리박혀 있었어요. 몇 년 전까지도

아버지가 돌아가시면 어머니가 아닌, 아들이 '호주'가 되었어요. 호주는 한

집안의 가장이나 주인을 뜻하는데, 집안의 남자만 호주가 될 수 있었거든요.

그리고 여자가 재혼을 해도 그 아이들은 여전히 친아버지의 성을 따라야

했어요. 많은 여성 단체가 '호주제는 남녀 차별을 인정하는 제도'라면서

호주제를 없애기 위해 노력했어요. 그리고 마침내 2005년에 호주제가

사라졌지요. 그 결과 이제 아이들은 어머니의 성을 따를 수도 있게 되었어요.

여러 나라 사람들이 함께 살아요

경기도 안산시에는 '국경 없는 마을'로 불리는 동네가
있어요. 이곳에서는 베트남어, 중국어 등 외국어로 쓰인
간판이 달린 외국 식당들을 쉽게 찾아볼 수 있어요.
안산에 공장이 많다 보니 몽골, 베트남, 필리핀 등에서 온
외국인 근로자들이 많이 모여 살게 된 것이지요.
이제는 안산뿐만 아니라 우리나라 곳곳에서 외국인 근로자들을
만나는 일이 그리 어렵지 않아요.
또한 일본, 미국, 중국, 필리핀 등에서 온 외국인과 결혼해
다문화 가정을 이룬 사람도 많으며, 북한에서 넘어온
새터민도 늘어나고 있어요. 우리나라에 와서 살고
있는 외국인도 새터민도 그리고 그들의 자녀도
우리와 더불어 살아가는 우리의 이웃이랍니다.

★**새터민** 북한에서 탈출한 사람이에요.

더불어 사는 세상

하나 된 대한민국

2002년 한일 월드컵 축구 대회

"대~한민국!" "짝짝~ 짝 짝짝!"

2002년 여름, 거리는 빨간색 티셔츠를 입은
사람들로 가득했어요. 한일 월드컵 축구
대회를 응원하기 위해 모인 것이었지요.
스스로 거리로 나와 열정적으로 응원하며
하나가 되는 사람들의 모습은 참으로
놀라웠어요. 한일 월드컵은 월드컵 역사상
두 나라가 함께 연 첫 대회였어요.
우리나라는 이 대회에서 처음으로 월드컵
4강에 진출했지요.

촛불을 들고, 마음을 모아

어둠이 내린 광화문 앞에 많은 사람이 모여 하나둘 촛불을 켜기 시작했어요.
엄마, 아빠의 손을 잡고 나온 어린이들의 모습도 눈에 띄었어요. 미군의
장갑차에 치여 죽은 여중생인 미선이와 효순이를 추모하기 위해 모인
사람들이었지요. 시민들은 죄를 짓고도 아무런 벌을 받지 않은 미군을
처벌하라고 요구했어요. 이 촛불 집회는 이내 전국으로 퍼져 나가 6개월 넘게
이어졌지요. 결국 잘못된 것을 바로잡기 위해 스스로 나선 시민들 덕분에 미국
대통령의 공식적인 사과를 받아 낼 수 있었답니다.

★**추모** 죽은 사람을 그리며 생각하는 거예요.

전 세계에 대한민국을 알리는 한류

정치, 문화 등 다양한 분야에서 활발한 활동을 하며 대한민국을 세계에 널리 알리는 사람들이 있어요.

반기문은 한국인으로서 처음으로 유엔 사무총장이 되어 세계 평화를 위해 노력하고 있어요. 백남준은 텔레비전 같은 영상 기기를 이용한 영상 예술을 처음으로 시작하여 전 세계로 퍼뜨린 예술가이고요.

'신이 내린 목소리'라고 불리는 성악가 조수미는 전 세계를 돌며 최고의 무대에서 멋진 공연을 펼치고 있지요. 미국의 메이저 리그 투수로서 뛰어난 모습을 보여 준 박찬호 선수와 류현진 선수, 동계 올림픽에서 피겨 스케이팅으로 금메달을 딴 김연아 선수도 빼놓을 수 없지요.

싸이의 '강남 스타일'이라는 노래는 미국 대중음악의 인기 순위를 매기는
빌보드 차트에서 7주 연속 2위를 차지하기도 했어요. 미국의 야구 경기장에서
이 노래가 울려 퍼지자 관중들이 모두 일어나 말 춤을 추는 모습은 그 열풍을
고스란히 보여 주었지요.

이처럼 경제 발전과 더불어 문화적 성장을 이룬 우리나라는 드라마, 영화,
대중가요 등 우리의 대중문화를 외국에 수출하여 큰 인기를 끌고 있어요.
이러한 대한민국 대중문화의 열풍을 '한류'라고 불러요. 문화를 수출하는 것은
상품을 팔아서 외화를 많이 벌어들이는 것 이상의 큰 의미가 있어요.
자연스럽게 대한민국을 전 세계에 널리 알릴 수 있기 때문이에요.

대한민국, 새로운 미래를 향하여!

우리나라는 외국 세력들에게 나라의 문을 연 뒤로 나라를 빼앗기는 설움을
겪기도 하고, 한민족이 서로 총을 겨눈 비극적인 전쟁을 치르기도 했어요.
아직까지도 철조망을 사이에 두고 남과 북으로 나뉜 슬픈 역사 속에 살고
있지요. 하지만 국민들의 하나 된 노력으로 오늘날 경제가 크게 발전했어요.
또한 개인의 능력을 인정받고 모든 사람이 평등하며 국민이 주인이 되어
자유와 권리를 누리는 민주 사회를 만들기 위해 쉼 없이 달려왔어요.
우리에게는 아직도 풀어야 할 숙제가 많이 남아 있어요. 어린이들이 자신의
꿈을 위해 마음껏 교육받을 수 있는 사회, 많이 갖지 못한 사람도 차별받지
않고 살 수 있는 평등한 사회를 만들어야 하지요. 평화적으로 통일을 이루기
위해 모두가 노력해야 하고요.
지나온 역사를 바탕으로 우리가 만들어 갈 새로운 미래의 모습을 그리고,
세계라는 무대에서 더 큰 발전을 이루어 내는 것은 여러분의 몫이랍니다.

역사 놀이터

광복 이후 우리 사회에는 어떤 일들이 일어났나요?
곰곰이 떠올려 보며 아래 낱말 퍼즐을 풀어 보세요.

★가로 문제

❶ 일제 강점기에는 우리나라의 독립을 위해 힘썼으며, 광복 이후에는 나라가 반으로 나뉘는 것을 강력하게 반대한 사람이에요.

❷ 노동자들이 사람답게 대우받으며 일할 수 있도록 힘쓰다가 자신의 몸을 불사른 청년이에요.

❸ 이승만이 독재 정권을 유지하기 위해 부정 선거를 저지르자 학생과 시민들이 1960년 4월 19일에 벌인 시위예요.

❹ 민주주의 국가는 ○○이 나라의 주인인 나라예요.

❺ 다른 나라의 지배에서 벗어나 주권을 되찾는 일로, 우리나라는 35년 만에 ○○을 맞이했어요.

❻ 남북으로 나뉜 한반도에서 휴전선의 남쪽 지역을 가리키는 말이에요.

❼ 옳지 못한 수단과 방법으로 치러진 선거를 뜻해요.

❽ 민주주의 국가가 되게 하는 것으로, 독재 정권 아래에서 국민들이 ○○○를 요구하며 시위를 벌였어요.

❾ 헌법을 만들고 발표한 것을 기념하는 날로, 7월 17일이에요.

❿ 나이가 많건 적건, 남자건 여자건, 재산이 많건 적건 간에 차별받지 않는 상태를 말해요.

⓫ 일을 해서 번 돈으로 생활하는 사람을 뜻해요.

⓬ 광복 직후 미국과 소련이 이것을 기준으로 한반도를 남과 북으로 나누었어요.

⓭ 우리나라의 ○○는 1970년대 이후 빠르게 성장해 세계 무역 10위권 안에 들 정도에 이르렀어요.

★세로 문제

❶ '전쟁을 얼마 동안 멈춘다'는 뜻으로, 현재 남한과 북한은 ○○ 상태예요.

❷ 사회주의 체제를 받아들여 북한에 조선 민주주의 인민 공화국 정부를 세운 사람이에요.

❸ 박정희가 나라의 혼란을 안정시킨다며 군대를 이끌고 불법으로 정권을 차지한 일이에요.

❹ 1948년 8월 15일, ○○○○ 정부가 세워졌어요. 우리나라의 정식 명칭이에요.

❺ 전두환이 군대를 앞세워 불법으로 정권을 차지한 것에 반대하며 5·18 민주화 운동이 벌어진 도시예요.

❻ 우리의 대중문화가 외국에서 큰 인기를 끌고 있는 현상을 말해요.

❼ 서로 다른 국적, 인종이나 문화를 지닌 사람들로 구성된 가정을 ○○○ 가정이라고 해요.

❽ 한 나라의 최고 법이에요.

❾ 시속 200km가 넘는 속도로 달리는 열차로, 우리나라의 ○○○○는 KTX라고 불려요.

❿ 북한의 수도로, 6·25 전쟁 당시 국군과 유엔군이 이곳을 차지한 뒤 이승만이 이곳에서 통일이 눈앞에 왔음을 알리는 연설을 했어요.

⓫ 박정희는 국민의 ○○와 권리를 억누르기 위해 치마나 머리 길이, 대중가요 등을 단속했어요.

⓬ 아버지가 돌아가신 경우 아들이 집안의 가장으로 인정받는 제도예요. 우리나라에서는 이 제도가 2005년에 사라졌어요.

정답

▼ 46~47쪽

▼ 78~79쪽

▼ 122~123쪽

▼ 182~183쪽

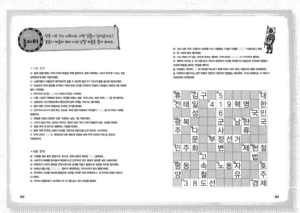

〈그림으로 보는 한국사〉를
세트로 만나 보세요!

〈그림으로 보는 한국사〉 시리즈는 전 5권입니다.

1권 선사 시대부터 백제까지

2권 신라부터 발해까지

3권 고려 전기부터 고려 후기까지

4권 조선 전기부터 조선 후기까지

5권 조선의 개항부터 현대까지